빠르게
실패하기

빠르게
실패하기

존 크럼볼츠 · 라이언 바비노 지음 | 도연 옮김

SNOWFOX

• **드로우앤드류** (『럭키 드로우』 저자)

더 이상 게으른 완벽주의자라는 핑계 뒤에 숨지 말자. 당신은 게으른
게 아니라 그저 그 일이 그렇게 하고 싶지 않을 뿐이다. 이 책을 통해
자신이 진짜 원하는 것을 찾아 그 일을 해내기 위한 전략을 실행하길
바란다.

• **권용준**
"가능한 빨리, 형편없이 실패하세요." 이 한 문장이 신선함을 안고 다
가왔다.

• **권정혜**
부정적 어감의 단어인 실패에 대해 그 인식을 바꿀 수 있어 좋았다. 진
짜 실패란 무엇일까? 실패는 내 능력의 잣대가 아니다. 실패는 행동한

사람만 얻을 수 있는 값진 결과다. 실패는 빨리 배우기 위한 가장 빠른 방법이다. 스타벅스, 픽사도 첫 시도로 성공하지 않았다. 에디슨, 테슬라도 수없이 실패한건 모두가 아는 사실이다. 내가 하려는 것이 운동이든, 새로운 일에 대한 도전이든 그들과 다르지 않다. 성공의 비법, 그것은 다름 아닌 실패에 있다.

· 김세정

당신이 지금까지 알던 실패는 실패가 아니다! 기꺼이 실패하면 성공에 한 걸음 더 다가갈 수 있다. 즐거운 시도를 긍정적인 경험으로 바꾸는 책이다. 큰 파이를 잘게 쪼개 한 입씩 기쁘게 먹는 것처럼, 실현 가능한 목표, 작은 실천 행동으로 만드는 진짜 성공! 이 책을 읽고 나면, 당장 실패하고 싶어진다.

· 김은경

생각이 많은 완벽주의자들에게 선물 같은 책. 내가 왜 생각만 하는지, 무엇을 두려워하는지, 어떻게 극복하고 실행할 수 있는지에 대한 실천 팁을 알려줘 생각만 많은 게으른 완벽주의자에서 행동가로 변화하게 만들어주는 지침서다. Keep it easy, fun, and immediate!! 이젠 행동하고 실패하며 전진하는 일만 남았다.

· 김은비

이 책은 실패에 대한 새로운 관점을 제시하여 철저한 준비와 완벽한 확신이 아닌, 지금 당장 시작하는 작은 행동과 실패가 연결되어 성공을 이룰 수 있다고 말한다. 아직은 때가 아니라고 자신을 멈춰 세우고 있다면, 이제는 그 고삐를 풀고 당장 할 수 있는 쉬운 행동부터 시작하라. 끊임없이 실패하는 자신과 마주할 용기를 가져라. 실패의 결과를 기꺼이 받아들이는 여유를 허락하라. 그 순간 당신은 인생에서 가장 중대한 전환점을 맞이하게 될 것이다.

· **김용희**

원하는 게 있다면 일단 시도하고 보자. 처음부터 완벽한 것은 없다. 모든 작은 시작을 통해 성공이 온다는 것을 일깨워 주는 책이다.

· **김지향**

실패에 대한 정의를 다시 하기를 권하는 책! 책을 통해 실패는 끝이 아니라 새로운 도전이자 성장하는 것임을 알 수 있다. 시도해보고자 했던 자신만만음은 실패라는 두려움 앞에서 나를 서성이게 만들었지만 『빠르게 실패하기』는 그동안 시도에 대해 갖고 있던 불편함과 두려움을 파헤쳐 거창한 성공의 목표보다 작은 한 걸음, 한 걸음을 내딛게 해주는 길잡이와 같은 책이다.

· **김준희**

실패 없는 성공은 반드시 실패한다. 실패가 만들어주는 근육으로 성공을 향해 도약할 수 있다.

· **김행진**

많은 자기계발 책들에서는 '습관이 성공을 이끈다.'라는 것을 알려주었다면, 『빠르게 실패하기』는 '실행 그 자체가 이미 성공'이라는 것을 일깨워준다. 빠르게 실패해서 성공에 이른다. 즉, 빠른 실패가 곧 성공의 열쇠라는 것이다. 실패는 더 이상 삶의 장애물이 아닌 원동력이 되는 것이다. 어릴 때부터 흔히 듣던 '실패는 성공의 어머니'라는 말을 비로소 이해하게 되었다. 『빠르게 실패하기』는 삶의 모든 측면에서 즉각 행동할 수 있는 힘을 준다.

· **김혜현**

1등을 못하고, 100점을 못 맞고, A플러스를 못 받고, 합격을 못할까봐 우리는 시도조차 하지 않는다. 그와 동시에 중요한 본질을 놓치고 만다. 실패의 강을 건너지 않으면 성공의 목표에 도달하는 것은 불가능하다. '빠르게 실패하기'는 '빠르게 성공하기'와 같은 의미다. 목표를 잘게 쪼개어 작은 행동으로 정면 돌파하고, 목표한 지점에 도달하는 것. 이것이 자신이 원하는 이상적 삶을 꿈꾸는 모든 사람들에게 반드시 필요한 방식이다.

· 김희은

우리는 가만히 앉아 내가 원하는 것이 얼마나 이루어 질 것인가, 무엇부터 시작해서 어떻게 해야 할 것인가에 대해서 너무 많은 고민을 어쩌면 하고 있는지도 모른다. 빠르게 실패하기는 그런 고민들로 가득 찬 우리의 일상에 '그것이 실패로 가는 길이든 실패를 가장한 성공으로 가는 길이든 그냥 한번 시작해 보라'고 제안하며, 그것이 애초에 설정한 방향과 다른 성공으로 가는 길이더라도 그 모든 것이 우리에게 중요한 가치를 지닌다는 것을 알려준다.

· 나순록

자신의 꿈과 목표를 향해 갈 때 어떤 것이 우선순위고, 어떻게 행동해야 하는가에 대한 방향을 제시해 주는 나침반 같은 책.

· 노다교

실패는 패배가 아니다. 더 빨리 더 많이 시도하고 실패해서 빨리 성공의 윤곽을 찾아가는 현명한 방법을 배워가고 싶은 분들에게 추천한다! 성공의 추월차선을 타고 싶은 분들에게 도움이 될 책이다.

· 박소현

생각이 많고 완벽주의를 지향하는 사람들에게 권하고 싶은 책. 기다리고 미루기엔 짧은 인생이다. 작은 것부터 시도해 보자.

· 박지수

후회 없는 삶을 살기 위해서는 인생 초반에 최대한 많은 경험을 하여 성공과 실패 경험을 쌓고 이를 바탕으로 진로에 대한 선택지를 추려나가는 실행의 삶을 살아야겠다.

· 박진주

계획을 줄이고 지금 당장 가장 가벼운 행동을 실천함으로써 실패를 빠르게 경험해 성공에 도달할 수 있다. 평생을 계획의 늪에 빠져 책상 옆은 항상 계획된 일들로 가득했는데, 정작 이루어 낸 것은 없음을 이 책을 읽음으로써 알게 되었다. 그런 내가 책을 반쯤 읽었을 때 '내가 할 수 있는 가장 작은 행동'을 시작한 놀라운 책이다.

· 박준호

이 책을 읽고 나면 실패에 대한 두려움은 사라지고, 빨리 그리고 더 많이 실패하고 싶어질 것이다. 이것이 결국 성공으로 가는 지름길이고, 이 책은 이러한 방법들을 지금 당장 실천할 수 있도록 가이드를 해준다. 아무것도 하지 않으면 아무 일도 일어나지 않는다. 이제 선택은 당신의 몫이다.

· 박충기

'실패 없는'이라는 단어는 매우 매혹적이고 간절하기까지 하다. 그런데 빠르게 '실패하라'니! 이 책이 스탠퍼드대에서 30여 년 연구 결과로 만들어졌다고 하지만 실패하면 시간과 돈이 사라져 버리고 성공을 한 컷 사진으로 자랑하기 바쁜 요즘, 실패를 용인해주는 미국에서나 가능한 일인 게 아닐까? 능력 많은 사람에게나 가능한 일이 아닐까? 부정적인 마음으로 책을 펼쳤던 내가 "I'm only going to do one today!"를 외치며 빨리 작은 무엇이라도 실패하고 싶어졌다. 큰 목표를 추구하고 계획을 짜느라 전전긍긍하고, 일을 미루는데 일가견이 있고, U자의 맨 바닥처럼 지겨운 중간과정을 헤쳐 나갈 때 많은 유혹을 받는 사람이라면 강력하게 이 책을 권하고 싶다. 의미 있는 일을 하려는 사람에게 악착같이 달라붙는 저항들을 매일 조금씩 행동하는 힘으로 떼어 버리기를!

· **시선**

행동에 뛰어들지 못하고 미루는 일이 있다면 집어들어야 할 책!『빠르게 실패하기』는 작은 행동이 모든 것을 변화시킬 수 있다는 걸 알려준다. 기꺼이 실패하고 배움에 초점을 맞춰라. 실패를 허락하면 날마다 성장하는 경험주의자가 될 수 있다.『빠르게 실패하기』는 지금껏 알고 있던 실패에 대한 관점을 재정의해 주고 성공을 향해 나아가도록 돕는다. 실패가 가져오는 마법 같은 성공의 기적은 '작은 행동'을 통해 '작은 성취'를 이뤄나가는 데 있다. 책을 읽고 나니 '실패'라는 말이 '실행'하라는 말로 보인다.

· **손수윤**

단단하게 중무장을 하고 있던 자아가 무기를 내려놓고 갇혀 있던 문을 열고 나오는 것이 느껴졌다. 나를 포함한 많은 이들이 실패는 그저 끝이라고만 생각하지만 사실 실패가 두려워서 그 무엇도 하지 못하고 멈춰 있는 것 자체가 가장 큰 실패임을 알 수 있었고, 막다른 골목이라고 생각되는 지점에서 모두가 돌아설 때 그때가 오히려 높이 뛰어오를 순간이라는 것을 알았다. 내가 이 책속에서 만난 포기할 줄 모르는 투지의 전사들을 여러분도 만나기를 기대한다.

· 손혜림

이 책은 나와 같은 사람들을 위한 책이다. 더 큰 비전과 그를 위한 계획을 세우길 상상하며 그 일조차 내일로 미루는, 현재의 안정감에 위탁하면서도 상당한 수의 죄책감을 안고 살아가는 평범한 사람들. 이 책을 읽는 행위조차 부담이 된다면, 5분짜리 타이머를 켜놓고 이 책을 펼쳐보라. 5분 타이머를 반복한 끝에는 작은 실천의 성공들로 가득한 당신의 오늘이 기다리고 있을 것이다.

· 여진옥

우리는 실패할지도 모른다는 두려움을 핑계 삼아 행동하지 않으면서 그저 성공하고 싶어 한다. 그러면 성공은커녕 실패조차 할 수 없는 삶을 살 수 밖에 없다는 것을 알면서도 실행을 지연시키거나 포기하고, 결국 성공은 행동하지 않는 사람들을 향하여 저 멀리서 실소를 지을 것이다.

· 이가화

흔한 자기 계발서와 비슷한 듯 비슷하지 않은 느낌을 많이 받았다. 평범한 사람들이 읽어보고 실행에 옮기기에 좋은 책인 것 같아서 추천하고 싶다. 삶을 살아가는데 긍정적인 변화를 주고 싶은데 시작을 망설이는 사람들에게 작은 도움이 되지 않을까. 작은 행동외 시작이 삶을 바꿔주는 원동력이 될 수 있다. 거창하게 뭘 하려고 해서 시작도 못하고 매번 실패하는 사람들에게 추천한다. 작은 것부터 꾸준히 하면 삶이 달라지고 몇 년 후에 분명 느낄 거라는 걸 이 책을 통해서 많은 사람들이 알았으면 좋겠다.

· 이윤서

『빠르게 실패하기』를 통해 '나중에 해야지'라는 말 대신 나는 '빠르게 시도하고 또 실패하기'를 선택할 수 있는 힘을 얻는다. 책을 읽고 '이 책에 대한 나의 생각을 적어봐야겠어' 떠오른 생각을 미루는 대신 바로 실행에 옮겼다. 거창하지 않아도 멋지게 시작하는 첫 문장이 아니더라도 말이다. 책에서 말하는 실패는 진짜 루저가 되라는 것이 아니다. 실패할지도 모른다는 나의 두려움을 이해해준다. 그리고 "그냥 해봐. 뭐든 괜찮아. 그 경험이 너의 삶을 빛나게 할거야"라고 상냥하게 말하는 듯하다. 작은 실천을 통해 빠르게 실패하고 빠르게 성장하게 될 거라는 확신이 들게 하는 책이다.

· 이진이

남들보다 빨리 실패하고 많이 실패하기, 그것이 당신에게 성공을 가져다 줄 지도 모른다.

· 이효진

그동안 읽어왔던 자기 계발서와 다른 접근. 나의 아이가 진로를 고민할 때 꼭 추천해주고 싶은 책이다. 계획을 꼼꼼히 세우고 충실히 이행하고 뼈와 살을 깎는 고통을 감내해야 성공할 수 있다는 내가 읽어왔던 자기 계발서와 달리 『빠르게 실패하기』는 지금 당장 할 수 있는 일에 초점을 두고 즐거운 일을 찾고 즐거움 속에서 발견한 기회, 그 기회에서 만나는 성공의 기회들을 찾을 수 있도록 알려준다. "만약 삶을 변화시키고 싶다면 지금 당장 즐거움을 만끽할 작은 행동을 시작하라" 당신도 당신이 즐겁게 할 수 있는 일에서 성공의 기회를 찾기를 바란다.

· 임재석

나는 어느 정도 안정된 조건 속에서도 삶에 만족하지 못하고 항상 고민하는 삶을 살고 있었다. 무엇이 문제일까? 이 책은 내가 평소 고민했었던 삶의 철학과 방법론 등 설득력 있고 실용적인 메시지를 담고 있다.

· 임향화

『빠르게 실패하기』는 나에게 사막에서 오아시스 같은 존재였다. 실패를 부정적으로만 생각했던 것과 완전 달리 실패란 무엇인지를 재정의해주었다. 실패는 어떻게 더 노력해야 할지 아는 것이고, 잘못 알고 있었음을 깨닫는 것이고, 더 배워야 할 필요성을 느끼는 것이며, 계획에서 벗어날 수 있음으로 인정하는 것이었다. 『빠르게 실패하기』는 실패에 대한 정의를 두려움이 아닌 즐거움과 유의미한 도전으로 가득 채우게 만들어 주는 책이다.

· 오정민

나에게 힘이 되는 공간에 더 자주 나를 넣어야 한다. 지금 가장 행복한 것을 선택하기에도 시간은 부족하다. 실패할 것이 두려워서 아무것도 안하고 있는 이들에게 이 책은 그 실패가 곧 성공으로 가는 길임을 단순하게 말해준다.

· 윤지우

이 책, 『빠르게 실패하기』는 '빠르게 행동하기'의 강한 표현이 아닐까 한다. 큰 꿈을 품고 오늘 내가 할 수 있는 일들을 실행하여 하루하루를 쌓아 가면 된다. 지금 정체된 인생을 움직이고 싶지만 뭘 해야 할지 모르겠는 당신에게 추천하는 책이다.

· 윤지형

매번 계획만 세우느라 지치고, 행동도 하지 않고 포기해버리는 내가 지금 당장 행동할 수 있게 만드는 책이다. 이런저런 핑계와 이유들 때문에 행동하지 않고 포기해 버리거나, 계획만 세우고 행동하지 않으셨던 분들 그리고 지금도 여전히 망설임 속에 계신 분들께 추천한다.

• 정안라

새로운 도전 앞에서 늘 복잡한 생각으로 머뭇거리는 사람, 안될 이유를 찾기라도 하듯 합리화하며 회피하는 사람, 거창한 계획을 짜느라 그 다음 단계를 넘어가지 못하는 사람, 꾸준함이 가장 어렵다는 사람, 꼼꼼하게 준비 되어야만 시작할 수 있다는 사람들에게 이 책은 조언한다. 가능한 더 빨리 시작하고 최대한 더 많이 실패하십시오. 큰 생각은 자유지만 성공을 위해 행동은 작게 하십시오. 언제나 따라다니는 저항의 본질을 알고 지금 시작하십시오. "어떤 일을 하고 싶은 마음이 들게 하는 가장 좋은 방법은 그것을 하는 것이다"

• 정연준

나는 왜 성공하지 못할까? 무엇이 문제일까? 나는 왜 실천이 어려울까? 이렇게 생각하는 당신에게 성공은 곧, 작은 실천들과 행동이 모이는 것이라는 포인트를 짚어주는 책이다. 작은 실패와 작은 행동을 통한 성공의 길로 안내주는 마법 같은 책. 지금 당장 JUST DO IT!을 마음속에 새기며 실행해보시길!

• 진혜성

실행이 중요하다. 나도 모르지 않았다. 하지만 항상 실행은 어려웠다. 그 이유는 성과에 대한 압박, 실패에 대한 불안감 때문이었다. 빠르게 성과를 내고 싶었다. 그래서 실패를 줄이기 위해 좀 더 완벽하게 계획하려고 했다. 나와 같은 예비 독자가 있다면 성과, 계획 그리고 실행에 대한 개념을 재정립할 필요가 있다. 개념을 재정립함으로써 실행을 한결 더 수월하게 생각할 수 있게 되었다. 이제 실행이 제일 쉬워 보인다. 이 책이 이를 가능하게 해줬다.

· **조태섭**

내가 고민하는 것들에 대한 명쾌한 해답이 있는 책이다. "실패 = 어떻게 더 노력할지 아는 것" 실패의 재정의를 함으로써 마음이 편해진다. 그 이전에 "실패 = end"라고 생각하고 실제로 원하는 점수나 목표를 이루지 못하면 더 이상 지속하지 않았던 모습과 실패를 두려워하여 주저하게 되는 자신을 성찰하게 되었다. 이 책을 읽고 많은 독자가 실패를 재정의하고 실패를 두려워하지 말고 작은 목표 실천할 수 있는 행동을 하여 인생 전반에 기쁨을 누렸으면 좋겠다.

· **주성희**

누구나 성공을 생각하며 거창한 목표를 설정하곤 한다. '10kg 빼기, 순자산 100억 만들기, 전국 1등 하기'와 같은 목표는 부푼 꿈을 꾸게 하지만 현실에서는 마음과 어깨를 짓누르기 마련이다. 때론 시작도 하기 전에 지치고, 준비만 하다가 지쳐버린다. 인생은 실전이자 실천이다. 머릿속으로 크고 무거운 한 발짝을 내딛는 것 보다는 현실 속에서 작고 가벼운 한 걸음을 걷는 것이 당신을 더 빨리 원하는 곳으로 데려다 줄 것이다. 그리고 무엇보다 중요한 것은 실패를 두려워하지 않는 것이다. '실패'라는 단어는 패배, 절망, 무기력 등 부정적인 감정을 유발한다. '실패는 성공의 어머니'라 말하면서도 가능하면 실패를 피하고자 한다. 실패에 대한 패러다임을 바꿀 필요가 있다. 성취하는 삶을 위해 자주 실패하고 작게 성공하는 새로운 습관을 만들어보는 것은 어떨까? 변화를 원한다면 주변을 둘러보고 지금 당장 할 수 있는 일을 시작해 보자. 매 순간 지금 바로 할 수 있는 일을 꾸준히 해 나가는 것 그리고 변화를 방해하는 심리적 저항에 맞서는 것, 그것이 당신을 뜻밖의 행운으로 안내할 것이다.

- **차미정**

우리나라는 무언가를 실패한 이는 '패배자'라는 인식이 강하다. 하지만 이 책은 실패를 경험한 이를 오히려 성공한 이들이라 말하며 더욱 빨리 실패를 경험하라고 강조한다. 자녀를 키우는 학부모, 누군가의 상사인 분들이 이 책을 읽고 자녀의, 후배의 실패도 그 노력을, 용기를 응원해주는 그런 따뜻한 세상이 되었으면 한다.

- **최은진**

비록 내 무기는 호미일지라도 불도저 같은 정신으로 무장하고 매일매일 노동요를 부르며 즐겁게 호미질을 한다면, 그 길은 반드시 큰 성공으로 향한다고 저자는 얘기한다. 항상 옆 동네 불도저만 바라보고 당장 호미질조차 주저하는 사람이라면 절대적으로 필요한 책이다.

- **하상이**

이 책을 읽고 생각했다. 도전해서 실패했을 때 손해가 더 클까, 도전하지 않았을 때의 손해가 더 클까? 나에겐 도전하지 않아서 정체된다는 것이 가장 큰 손해였다. 실패는 정체를 이긴다.

- **한지숙**

이 책을 읽기 전 나 역시 실패하는 것에 두려움을 가지고 있었다. 실패는 누구나 겪는 일이다. 실패에 대한 초점을 어떻게 맞추고, 또 실패를 어떻게 바라보는 가에 따라 내가 성장하는 방향과 속도 역시 달라질 것이다.

- **황주하**

바쁜 현대인들은 책 볼 시간이 없다지만 이 책은 펴는 순간 놓지 못하고 단숨에 읽어버렸다. 직장생활 중인 친구들에게 추천해 주고 싶은 책이다. 오직 회사생활만이 아닌, 개인적인 시간 속에서 가볍게 새로운 걸 느끼고 시도하고 또 도전해보고 싶게 만드는 책이다. 이 책을 읽으면서 가슴이 오랜만에 두근거려서 제대로 잠 못 이루었고, 다음날 눈을 뜨니 묵혀놓은 해야 할 일과 하고 싶은 일들이 떠올라 몸이 움직였다.

• 황채목

동기 부여 책과 성공 관련 책을 읽고도 눈에 띄는 변화가 없는 사람들. 그들에게 그 이유와 해결 방법을 제시해주는 책이다. 거창한 계획, 거창한 목표보다 중요한 것은 지금 당장 할 수 있는 작은 행동. 그것을 꾸준히 해나가는 것, 그것이다. '실수로 가득 찬 삶이 아무것도 시도하지 않는 삶보다 더 명예롭고 가치 있다. -조지 버나드 쇼-' 나는 이 책을 읽고 그렇게 미뤄두고 생각만 하던 하루에 5분 뛰기와 5분 글쓰기 등 작은 목표들을 실천하고 있다.

• sang

실패란 단어가 주는 이미지는 어떤가? 포기와 절망과 동급이며, 나에게 그 단어를 쓰게 되는 일이 없기를 그렇게 빌며 성공만을 외친다. 이 책은 나를 당당한 초보자로 만드는 마력이 있다. 실수로 가득 찬 삶이 아무것도 시도하지 않는 삶보다 명예롭다는 조금은 상투적일 것만 같은 이 말이 책을 읽는 내내 나에게 그러니 용기 있게 세상에 나아가라고 말한다. 실패했다고? '실패한 너를 칭찬한다.'고 말해준다. 이제 첫 발을 내딛는 내 딸에게 얘기한다. 많은 실패 속에 너는 너도 모르게 후퇴가 아닌 전진하고 있으며 책을 덮은 후엔 실패라는 단어는 없어지고, 도전과 용기라는 단어가 마음에 남는 책이다.

이 책의 요점은 인생에서 행동을 하도록 돕는 것이다. 염려되고 준비가 부족하거나 실패가 두렵게 느껴질 때라도 일이 이뤄지게 만드는 방법이다. 때문에 액션 101이라고 이름 지었다.

이 프로젝트에 참여한 수만 명의 개인과 이야기하면서 우리 연구팀은 중요한 발견을 했다. 행복하고 성공적인 사람들은 계획하는 시간을 줄이고 행동하는데 더 많은 시간을 할애한다는 점이었다.

그들은 세상에 나가 새로운 것을 시도하고 그로부터 야기된 실수를 통해 예상치 못한 경험과 기회로 이익을 얻었다.

20년 간 우리 스탠퍼드 연구팀은 삶에 긍정적인 행동을 취하도록 돕는 간단하면서도 강력한 테크닉을 개발해왔다. 이 테크닉은 워크숍과 대학 과정 참가자 그리고 광범위한 고객과의 작업에서 효과가 입증되었다.

그로부터 누군가는 사업을 시작하고, 소설을 쓰고, 연구 재단을 만들고, 결혼을 하고, 10kg을 감량하는 일 외에도 많은 것이 성취되었다. 하지만 우리는 그들 자신에 대해 일깨우고 지금을 뛰어넘는 극적인 변화를 요구하지 않았다. 오히려 그들이 하는 일에 작은 변화를 주도록 격려했을 뿐이다.

이 책에서 여러분은 진로계획에 확신이 없거나 틀에 박힌 느낌이 들거나 실패할까 봐 두려울 때라도 자신의 관심사를 따르고 조치를 취하는 방법에 대한 분명한 조언을 발견할 수 있다고 믿는다.

우리는 여러분이 자신의 열정을 신뢰하고 그것이 자신을 인도하고 습관적인 행동에서 벗어나 새로운 모험을 시작하고 최소한의 준비로 과감하게 행동할 수 있다고 믿는다.

이 책은 빠른 변화를 위해 장점을 활용할 수 있는 실질적인 조언을 제공하고 있으며 각 장에는 최신 연구, 유명인과 일반인의 삶에서 영감을 주는 이야기, 그리고 삶에 즉각적인 변화를 만들기 위한 아이디어를 실행에 옮기는 구체적인 단계가 포함되어 있다.

스탠퍼드대 평생교육과정에서 〈인생 성장 프로젝트〉라는 이름
으로 시작된 이 과정은 다양한 직업과 각기 다른 경험을 가진 사
람들을 만나며 시작되었다. 그들 중에는 명망 있는 CEO와 유명
한 학자들, 저명한 연구진을 포함해 평범하거나 일반적인 삶을 살
고 있는 사람들이 포함되었다.

하지만 그 대상이 누구든 워크숍 참가자들과 상담자들은 이
책에서 다룰 '작은 행동'을 실천하며 놀라운 성과를 얻을 수 있
었다.

우리가 만난 누군가는 열정을 다해 일할 수 있는 새로운 직업
을 원했다. 또 누군가는 새로운 아이디어를 원했고 좀 더 의미 있
는 인생이 될 수 있는 전환점을 찾고 싶어 했다. 세상을 바꿀만한

대단한 성공은 아니지만 대부분의 사람은 자신을 지금보다 더 의미 있는 사람으로 만들어줄 '그 무엇'을 찾고 있었다.

우리는 바로 이점에 집중하기 시작했고 해답을 찾는 일을 주된 연구 과제로 삼았다. 그리고 행복하고 성공하는 사람들에게 나타나는 일련의 공통적인 행동패턴을 찾을 수 있었다. 그것은 많은 문제들의 해답이었을 뿐 아니라 성공적인 인생을 살기 위한 명확한 지침이기도 했다. 우리는 그것을 〈빠르게 실패하기〉라고 이름 붙였다.

그들은 계획하는 데 적은 시간을 쓰고 행동하는데 많은 시간을 썼다. 그들은 세상에 나가서 새로운 것을 시도하고 실수를 했다. 그렇게 예상치 못한 경험과 기회로부터 이익을 얻었다.

분명 당신은 의아해 할 것이다. "아니, 실패를 하란 말이에요? 그것도 빨리? 도무지 이해할 수 없군요."라고 반문할지 모른다. 그러나 당신의 오해를 없애는 데는 단 몇 분이면 충분할 것 같다. 우선 아래 질문에 답해 보라.

- 당신은 버킷리스트를 작성해 본 적이 있나요?
- 이루고 싶은 성공이나 목표를 위해 계획을 세워 본 적은요?
- 그것을 이루기 위해 5년, 3년, 1년의 실행 목록들을 적어봤나요?

- 그리고 어떻게 되었나요?

- 그 모든 것을 실천 할 수 있었나요?

- 어쩌면 너무 많은, 수없이 많은 해야 할 일의 목록을 보며 지레 포기
  해 버리지는 않았나요?

일반적인 경우라면 분명 '그렇다'고 답할 것이다. 당신은 지극히 정상이다. 당신은 실패자도, 중도 포기자도, 의지력이 약한 계획중독자도 아니다.

우리는 앞으로 이 책에서 지금까지 당신이 알고 있던 것과 다른 제안을 하고자 한다. 그 제안들은 결연한 결심이나 비장한 각오 따위는 요구하지 않을 것이다. 오히려 지금 당장 시도할 수 있는 가장 가벼운 행동이 무엇인지 끊임없이 물을 것이다.

비록 여러분이 직업 계획에 확신이 없거나 틀에 박혀 있다고 느끼거나 실패를 두려워할지라도 조사와 분석, 철저한 준비와 대비책을 마련하는데 '시간을 보내지 말 것'을 요구하면서 말이다.

여러분이 믿는 열정이 삶을 인도하고 습관적인 행동에서 벗어나 새로운 모험을 시작하며 최소한의 준비로 과감하게 행동함으로써 장점을 활용하는 법에 대해 조언만을 덧붙일 것이다.

이것은 당신이 꼭 짚고 넘어가야 할 성공에 대한 이야기다. 그

것은 비즈니스든, 직업을 바꾸는 일이든, 결혼이나 소설을 쓰는 일이라도 상관없다. 원하는 목표를 이루기 위해 참고 인내해 온 사람이라면 누구라도 반드시 알아야할 것들이기 때문이다.

이 책은 지난 20여 년 동안 밝혀진 핵심 내용을 총 아홉 개의 장으로 구성해 집필했다. 각 장에는 당신의 이해를 돕는 최신 연구와 각각의 사례가 담겨있으며 오랜 연구 끝에 발표된 논문과 그것을 입증하는 다양한 실험 결과들이 수록되어 있다.

졸업을 앞둔 대학생, 현재 직장에 다니고 있는 샐러리맨, 창조적인 작업을 꿈꾸는 엔지니어, 기업의 임원과 CEO, 교수와 주부에 이르기까지, 평범한 이들이 어떻게 비범한 성공을 이끌어 냈으며 원하는 행복을 발견할 수 있었는지를 담았다.

이 사례들은 당신이 겪고 있는 문제의 답을 찾기 쉽게 만들어 줄 것이다. 그리고 실제적인 충고로 당신을 이끌어줄 것이다.

진로에 대한 계획이 애매하고 매일이 다람쥐 쳇바퀴 도는 것만 같은가? 그래도 상관없다. 실패가 두려워도 괜찮다. 생각을 행동에 옮겨 당신의 삶에 즉각적인 변화를 일으킨 구체적인 방안을 얻게 될 것이기 때문이다.

'이 형편없는 직장을 그만두면, 이기적인 연인과 헤어지면,
좀 더 활기찬 도시로 이사하면, 비로소 여유를 찾고 인생을 즐길 수 있을 거야.'
'돈을 좀 더 벌고 나면, 살을 좀 빼고 나면, 사랑하는 사람을 만나게 되면,
내 상황이 좀 더 당당해지면, 현재의 불행이 사라질 거야.'
보이는가? 당신은 현재의 문제가 해결되지 않는 한
'즐거움은 없다'는 것을 전제로 둔 것이다.

Chapter 1

지금 바로 즐거움을 느낄 수 있는 일인가?

Is it something that you can enjoy right away?

생각해 보라. 실수를 한다고 죽지는 않는다.
틀린 말을 하거나 어설픈 아이디어를 따라한다고 해도 마찬가지다.
오히려 실패를 피하려는 삶이 당신을 구속한다.
알고 있는가? 당신이 버킷리스트를 만들고
5년, 3년, 1년 계획을 세우고 수없이 많은 실천거리에 질려 있을 때
성공하는 사람들은 전혀 다른 행동을 한다는 것을 말이다.

Chapter 2

가능한 더 빨리 시작하고 최대한 더 많이 실패하라
Start as soon as possible and fail as many times as possible

대부분의 사람은 대범할 정도의 큰 성공을 목표로 삼는다.
'이루기 어렵지만 성공하면 모든 것이 해결'되는
절대비법 전략으로 말이다.
그리고 그 커다란 성공에는 실천해야할 수많은 미션들이 존재한다.
가장 확실한 성공이 '커다란 목표 설정'이라는 개념이다.
그러나 모든 과제를 수행하기 전 멈춰버릴 가능성이
얼마나 높은지 알게 되면 벽에 붙여둔 계획서를 뜯게 될지 모른다.

성공의 본질은 무엇인가?

What is the essence of success?

'앞에 위험이 감지됨. 브레이크를 밟고 후퇴하시오!'
이것은 두려움이나 의심 같은 부정적인 감정 반응에 보내오는
뇌의 자동 메시지다.
저항은 '좀 더 안정한 영역'으로 후퇴하라고 부추긴다.
잠정적 위험을 과장해서 부풀리고 긍정적인 가능성은 깎아내린다.
저항은 위험해 보인다는 핑계로 아무것도 하지 못하게 하는
거짓말쟁이와도 같다.
더 큰 문제는 저항이 의미 있는 일을 하려는 사람에게
악착같이 달라붙는 걸 좋아한다는 것이다.

기회의 순간마다 나타나는 저항의 본질에 맞서라

Confronting the nature of resistance that appears at every opportunity

정보를 취합하고 관련 사항에 대해 조사한다.
많은 책과 명망 있는
자기계발 분야 멘토들의 조언도 충실히 참고한다.
하지만 정작 중요한 것은 실제 행동이다.
실행하지 않을 준비와 결심이 무슨 소용인가?
'계획'에는 박사학위를 가졌어도
'실행'에는 유치원 아이인데 말이다.

Chapter 5

행동을 방해하는 분석적 사고를 넘어서라
Overcome Analysis Paralysis

삶은 복잡하게 얽혀 있고 세상은 너무나 역동적이다.

사람들도 저마다의 개성으로 가득하다.

그러니 미래를 예측하는 것 또한 쉽지 않다.

그러나 한 가지 확실한 미래도 있다.

자신이 흥미를 느끼는 것들로

좀 더 즐겁고 만족스러운 삶을 누릴 수 있는 것.

물론 시간은 제한적이다.

모든 것을 시도할 수는 없겠지만

몇 가지 새로운 가능성은 언제든지 실험해 볼 수 있지 않은가.

Chapter 6

호기심이 생기는 흥미로운 일을 시도하라
Be Curious

우리는 자신이 혹여 '중도 포기자'로 보일까 봐
새로운 진로로 바꾸는 것을 완강히 거부한다.
그렇게 수년, 심지어 몇십 년을
자신을 비참하게 만드는 작업에 매달리며 낭비하고 사는 것이다.
한 가지 직업만을 고수할 필요는 없다.
그 직업을 위해서 시간과 자원을 지금껏 투자했더라도 말이다.

Chapter 7

좋아하지도 않는 일에 인생을 낭비하지 마라

Don't waste your life on things you don't even like

그저 옳은 질문으로 해답을 드러내는 수밖에.

문제 앞에서 '어떻게'라는 질문을 던지라고 배웠는가?

어떻게 하면 회사매출을 올릴 수 있을까?

어떻게 하면 실적을 더 올리고 더 성공할 수 있을까?를

먼저 물으라고 말이다.

그러나 이미 자신이 알고 있는 지식이나 가정을 전제로 두고

해답을 찾는 셈이었으니 뾰족한 수가 없을 수밖에.

Chapter 8

고정된 틀에서 벗어나는 혁신가가 되어라
Be an Innovator

성공하는 사람들은
일부러 배경이나 관점이 전혀 다른 사람과의 관계를 노린다.
자신과 사회적 인맥들로 구성되지 않은 그룹의 사람들을 만나
지식을 합치기 위해서다.
그들은 더 높은 연봉과 더 높은 승진 가능성의 비밀이
'정보교환'에 있다는 사실을 알고 있다.

Chapter 9

배경이나 관점이 전혀 다른
사람들이 모여 있는 곳으로 가라
It Takes a Community

Is it something that you can enjoy right away?

Chapter 1

지금 바로 즐거움을 느낄 수 있는 일인가?

이 형편없는 직장을 그만두면!
이 이기적인 연인과 헤어지면!
좀 더 활기찬 도시로 이사하면!
비로소 여유를 찾고 인생을 즐길 수 있을 거야.

돈을 좀 더 벌고 나면!
살을 좀 빼고 나면!
사랑하는 사람을 만나게 되면!
내 상황이 좀 더 당당해지면!
현재의 불행이 사라질 거야.

보이는가?
당신은 현재의 문제가 해결되지 않는 한
'즐거움은 없다'는 것을 전제로 둔 것이다.

이 세상에는 사랑과 감사에 굶주린 사람이 빵에 굶주린 사람보다 더 많습니다.

- 마더 테레사, 노벨 평화상 수상자

어린 시절에 노는 이유는 놀이가 우리의 일이거나 무언가를 배우는 방식이기 때문이 아니다. 비록 두 진술이 모두 사실일지라도, 우리는 기쁨으로 연결되어 있기 때문에 논다. 그것은 인간으로서 필수적이다.

- 존 토른, 스포츠 역사가 및 작가

음악이 없는 세상을 상상할 수 있는가?
음악이 없다면 얼마나 지겨울까?
무엇이 음계 하나하나를 조화롭게 결합시켜 음악으로 완성할까?

리듬이다.

우리 삶의 조각 하나하나를 조화롭게 결합시켜
완성하는 것도 리듬이다.
당신의 삶은 음악이 없는 인생인가?
리듬이 없는 노래인가?
'위대한 나'는 모든 것을 삶의 리듬 속에서
연결하는 사람이다.
합리적 욕구와 욕망, 재능, 에너지와
열정을 자연스러운 리듬으로 추구하는 사람이다.

수년간 만성피로와 싸워온 나는
지금도 삶의 리듬을 유지하는 일이 일상의 과제다.
이 과제를 훌륭히 수행한 날은
마치 펄떡이는 물고기처럼 살아 있다는 느낌이 든다.
더 나은 나를 본다.

삶의 리듬은
우리가 하는 모든 일에 효율과 효과를 극대화시키며
우리의 가장 큰 꿈
더 나아가 감히 꿈꾸지도 못했던 일들을
성취하기 위한 토대를 제공한다.
평화와 기쁨과 행복과 사랑이란 열매를 가져다준다.

- 매튜 캘리, 『위대한 나』

그 문제만 해결되면

Focus On Opportunities, Not Problems

> 사람들은 바쁘다거나 준비가 덜 됐다는 이유로
> '그 일'을 시작할 수 없다고 합리화한다.
> 몇 가지 문제가 해결될 때까지 기다리며 시작을 미룬 것이다.

어느 날 상담실로 어깨를 축 늘어뜨린 학생이 찾아왔다. 그는 심각한 표정으로 이렇게 물었다.

"선생님 제가 진심으로 원하는 일, 저에게 가장 잘 맞는 일은 무엇일까요? 만약 그 일을 찾게 되면 저는 가장 먼저 무엇을 해야 할까요?"

그는 스탠퍼드대에서 경영학을 전공하는 에릭이라는 학생이었다. 대학을 졸업하면 입사 가능한 직장이 여러 개 정해져 있는 전도유망한 청년이었다. 그런 그가 도대체 무엇 때문에 고민에 빠져 있는 걸까?

"부모님은 제게 꿈도 좋지만 현실은 냉혹하다는 사실을 자주 일깨워 주셨어요. 그런 이유로 안정된 생활을 준비하는 것이 가장 중요하다고 조언해 주시곤 했죠. 그래서 전공을 결정할 때도 내가 하고 싶은 것을 찾아 선택하기보다 안정된 직장을 우선 고려해 선택했어요. 그러다보니 대학생활 동안 원하지 않는 공부를 하며 몇 년을 보냈습니다. 막상 졸업을 앞두고서야 '내가 정말 원하는 일이 무엇인가'라는 의문이 들기 시작했어요."

마치 고해성사라도 하듯 그동안 마음에 담아 둔 생각들을 쏟아낸 그에게 나는 한 가지 질문을 건넸다.

"에릭, 자네는 어떤 일을 할 때 가장 행복한가? 혹시 피곤한지도 모르고 몰입하는 무언가가 있는지 궁금하네."

"글쎄요. 어렸을 땐 그림 그리는 걸 좋아하긴 했어요. 미술 공부를 하고 싶긴 했는데 부모님이 반대하셨어요. 하지만 제가 그림 공부를 고집하지 않은 걸로 봐서는 그렇게 좋아하지 않은 것 같아요. 그렇지만 지금 생각해보면 그림 그릴 때가 가장 행복했던 것 같습니다."

나는 그에게 지금이라도 그림 그리기를 시작해보라고 권했다. 거창한 계획부터 세우지 말고 화실에서 그림을 배우거나 미술 동호회에 가입해 활동하는 것 같은, 지금 바로 시작할 수 있는 작은 방법을 찾아보라고 권했다.

에릭은 내키지 않아 했지만 곧 제안을 받아들였다. 이제야 새삼 그림 그리기를 한다는 게 자신의 핵심 문제와 너무 동떨어져 보인다고 반문하면서도 말이다. 그리고 에릭이 상담을 위해 나를 찾아 올 때마다, 그림 그리기와 관련된 일이 어떻게 진행되고 있는지 물었다. 결론적으로 에릭은 그림을 그리면서 삶의 활력을 되찾았고 관심사가 비슷한 사람들과 교류하면서 자신의 재능을 펼칠 수 있는 다양한 기회가 생겼다고 했다. 어느 새 에릭은 원래의 전도유망한 청년이 되어 어쩌면 진로를 바꾸게 될지 모르는 또 다른 새로운 꿈을 향해 작은 행동들을 차곡차곡 쌓아가고 있었다.

그날의 대화는 나의 호기심을 자극했고 이내 프로젝트 과제의 연구소재가 되었다. 그 후 나를 포함한 연구진들은 20년 넘게 에릭과 같은 사람들을 만나왔다. 대학 졸업 전 진로를 결정하지 못한 학생들 뿐 아니라 이미 안정된 직장 생활을 하는 사람들조차 자신의 삶에 만족하지 못하고 고민의 늪에 빠져있는 경우가 다반사였다. 그들의 가장 큰 문제는 자신이 원하는 일을 찾지 못하는 것이 아니었다. 정작 중요한 문제는 어떤 일이든 시도하지 않으며 망설이고 움츠린다는 데 있었다.

에릭과의 상담을 계기로 우리 연구자들은 자신이 원하는 일을 찾지 못한 채 망설이는 이들을 도울 방법을 찾기 시작했다. 그것은 스탠퍼드대 평생교육과정에서 〈인생 성장 프로젝트〉라는 이름으로 시작되었다. 이 과정에서 연구진은 그들에게 공통적인 생각과 행동 패턴이 있다는 사실을 발견했다.

첫째, 그들은 어떤 일을 새롭게 시작하기 전, 정보를 수집하고 거창한 계획과 전략을 세웠다. 둘째, 그들은 큰 성공만 추구하는 경향이 있었다. 하지만 계획을 수립하고 전략을 고민하는 동안 수만 가지 어려운 문제에 봉착했고 결국 포기할 수밖에 없는 근거를 발견했다. 목표로 세운 일이 너무 벅차서 오히려 겁을 먹고 이루기 어려울 수밖에 없는 이유들을 확인해 버린 것이다. 셋째, 그들은 바쁘다거나 준비가 덜 됐다는 이유로 '그 일'을 시작할 수 없다고 합리화했다. 몇 가지 문제가 해결될 때까지 기다리며 시작을 미룬 것이다. 안타까운 것은 막상 도전해볼 기회가 왔을 때조차 아직은 때가 아니라며 오해해 버렸다.

앞으로 우리 필자들은 이 책에서 최신 연구와 분석, 그리고 작은 행동으로 조금씩 성공을 이룬 사람들의 실제 사례를 전달할 것이다. 사례를 통해 성공이란, 세심하게 잘 짜인 계획이 아니라 연관 없어 보이는 작은 행동들로 시작된다는 것을 알게 될 것이다. 분명한 사실은 성공한 대부분의 사람이 계획을 세우는 데 시간을 쓰기보다 행동하는데 주력했다는 점이다.

그들은 과감한 시도 속에서 많은 실수를 저질렀다. 그리고 그 안에서 예상치 못한 실패와 기회를 찾아냈다. 실제로 상담을 시작하며 우리는 현실에 대한 불만족으로 변화를 모색하는 사람들과 많은 대화를 나눴다. 누군가는 자신이 좀 더 열정적으로 몰입할 수 있는 직업을 원했다. 몇몇은 창의적인 프로젝트를 꿈꿨다. 동화를 쓰거나 리더십에 관한 워크숍을 열거나 갤러리에 자신의 조각 작품을 전시하는 것 등이었다. 또 어떤 이들은 자신을 스스로 속박하는 행동들로부터 자유로워지길 바랐다. TV 시청과 패스트푸드 먹기 같은 틀에 박힌 생활이나 의존적인 관계에서 벗어나 좀 더 모험적이고 자발적인 삶의 태도를 갈망했다. 그런가 하면 무엇을 원하는지 당장은 모르지만 삶의 방향을 전환해 새로운 경험을 쌓고 싶어 했다.

사람들은 불행이 찾아오면 현재 불만족스러운 대상이나 상황에 사고를 고정하는 경향이 있다. 예를 들어 '이 형편없는 직장을 그만두면, 이기적인 여자친구나 남자친구와 헤어지면, 좀 더 활기찬 도시로 이사하면, 비로소 여유를 찾고 인생을 즐길 수 있을 것이다.'라고 생각한다. 또는 힘을 주는 친구를 찾으면, 나쁜 버릇을 고치게 되면, 아이를 갖게 되면, 자신에 대한 확신이 서면, 삶의 목적을 찾으면, 현재의 불행이 사라지리라 생각한다.

이들은 현재의 문제가 해결되지 않는 한, '즐거움은 없다'는 것을 전제로 둔다. 현재의 문제에서 벗어날 때까지 삶을 즐길 수 없다는 가정에 기반을 둔 이것을 '아직은 때가 아닌' 인생관이라고 부를 수 있다. 이러한 견해는 큰 변화를 맞이할 준비가 되기 전에 감정적 장애와 부정적인 생각을 극복해야 한다고 말하는 수많은 치료사와 상담가들에 힘입어 발전해 왔다.

다음은 이런 '아직은 때가 아닌'으로 표현되는 삶의 태도를 나열한 것이다. 이 중 익숙한 것은 없는지 찾아보기 바란다.

이런 경우가 되면 나는 곧바로 시작할 수 있다.

- 앞으로 경기가 좋아지면
- 특별한 영감을 받으면
- 누군가 내가 무엇을 해야 옳은 것인지 알려주면
- 저축을 좀 더 하면
- 아이들이 대학을 가면
- 생활이 좀 나아지면
- 살을 좀 빼고 나면
- 내가 도움을 받을 수 있는 인간관계가 형성되면
- 힘든 직장을 그만두면
- 내면의 나를 발견하면
- 좀 더 자신감이 생기면
- 이 프로젝트만 끝내면
- 좀 더 넓고 깨끗한 집으로 이사하면
- 올해가 지나면

- 워크숍을 몇 번 더 참가하고 나면

- 지금보다 건강해지면

- 허락을 받으면

- 좀 더 준비가 되면

- 완벽하게 확신이 서면

- 그를 용서하고, 그에게 용서 받으면

- 분명하고 명확한 계획을 세우면

- 나의 제한적인 믿음을 극복하면

아직은 '때가 아닌' 사고방식
'Not Yet' View

'아직은 때가 아닌' 사고방식은 매우 잘못되었을 뿐 아니라 우연히 얻을 수 있는 이득까지 막아버린다. 삶의 부족한 부분만 볼 때, 무엇이든 차일피일 미루고 나쁜 습관과 쓸데없는 걱정을 반복한다. 기회가 와도 보지 못하고 삶의 변화로 이끌 작은 행동도 하지 못한다. 동시에 행동의 변화는 값비싼 비용이 드는 불편한 것으로 만들어버린다. 즐거움을 만끽하고 새로운 일을 시작하려면 문제가 먼저 해결돼야 한다고 생각한다. 그러다보니 아직 아무것도 시작하고 싶지 않게 된다.

필자들은 삶을 변화시키도록 용기를 불어 넣는 가장 좋은 방법이 그들이 떠안은 문제 해결을 돕는 게 아님을 깨달았다. 오히려 지금 바로 즐거움을 느낄 수 있는 일을 행동으로 옮기도록 인식시키는 일이 중요했다.

지금 어떤 상황에 처해 있어도 즐길 만한 일은 찾아낼 수 있다. 영감을 주는 새로운 사람들을 만날 수도 있고 호기심을 느끼던 일을 바로 해볼 수도 있다. 낯선 곳으로 여행을 떠날 수도 있고 세계 곳곳에서 경이로운 것들을 발견할 수도 있다. 아무리 현재의 삶에 갇힌 기분이 들어도 상관없다. 언제든 새로운 경험을 맞이할 수 있다.

당신의 삶이나 커리어가 불안정하고 애매하다고 느끼는가? 그렇다면 '즐기는 데 시간을 더 투자하라'는 말을 공감하기 어려울지 모른다. 혹은 "경력을 쌓는 것은 매우 중요한 일 아닌가요?" 라고 반문할 수도 있다. 하지만 이 질문에 대한 우리 연구진의 대답은 '결코 그렇지 않다'이다.

물론 스트레스로 녹초가 된 상태거나 불행하다면 인생의 즐거움을 찾고 싶은 기분조차 들지 않을 것이다. 새로운 시도를 하기 전에 현재 상황이 개선될 때까지 기다리고 싶을 수도 있다. 하지만 늘 하던 행동을 고수하기로 결정한 이상 상황은 전혀 개선되지 않는다. 설령 생각했던 문제가 해결되도 이내 다른 문제가 나타나 삶을 어렵게 만들 것이다. 해답은 단순하다. 만약 삶을 변화시키고 싶다면 지금 당장 즐거움을 만끽할 작은 행동을 시작하라.

> 즐거움이 있는 곳을 찾으세요.
> 그러면 즐거움이 고통마저 녹여내릴 테니까요.
>
> - 조지프 캠벨, 미국 신화학자 및 작가

당신의 즐거움 측정기는 무엇을 말하는가?
What Does Your Fun-Meter Say?

어느 날 당신의 증조부가 방금 죽었다는 것을 알게 되었다. 당신은 그분을 거의 모른다. 가족들로부터 그분이 좀 괴짜라는 말을 들어왔을 뿐, 그나마 몇 번을 뵈었을 때 당신은 어린아이에 불과했다. 기억나는 것은 그분이 당신의 귓불에 대고 '샤잠요술사의 주문!' 하고 소리치며 장난치던 일뿐이다. 때문에 그 유언장을 읽는 자리에 당신이 초대됐다는 사실에 어리둥절하다.

당신은 낯선 이들로 가득 찬 무거운 분위기의 변호사 사무실에 이제 막 도착했다. 변호사가 유언장을 읽어 내려가자, 증조부가 꽤나 부자였다는 사실을 알고 놀란다. 더구나 그가 당신에게 1억 달러를 유산으로 남겼다는 게 아닌가! 하지만 유언에는 특이한 조건이 있었다.

증조부는 괴짜 발명가였다. 그가 가장 아끼는 발명품은 즐거움 측정기라고 불리는 손목에 차는 기계로, 차고 있는 사람이 느끼는 즐거움의 정도를 측정한다. 얼마나 열정적이고 역동적인 삶을 사는지, 호기심을 갖고 삶에 감사하는지 측정하는 기계다.

즐거움의 정도는 1에서 10등급으로 나눠 측정되는데, 1은 시궁창에 빠진 것 같은 불쾌한 기분을, 10은 이보다 더 좋을 수 없는 상태의 행복을 가리킨다. 유언의 조건은 즐거움 측정기를 늘 차고 다니는 것이다.

이 기계는 매일 당신이 느끼는 즐거움 지수를 변호사 사무실로 무선 전송한다. 만약 1년 동안 지수가 7 이하로 떨어지지 않으면 증조부가 남긴 1억 달러의 유산은 당신 것이 된다. 하지만 하루라도 7 이하로 떨어질 경우, 유산은 단 한 푼도 받을 수 없다.

당신이 이 도전을 받아들여 즐거움 측정기를 차기로 결심했다고 하자. '이제 인생을 한번 제대로 살아보자'라는 생각이 들지 않겠는가? 단 하루도 완전히 순수한 기쁨을 느끼지 않은 채 허비해 버리지는 못할 테니까.

여기 질문이 있다.
도전 첫날, 당신이 가장 먼저 할 일은 무엇일까?

성패를 가르는 창의적이고 번뜩이는 아이디어는
The creative idea that determines success and failure is

성공을 이룬 사람들은 즐기는 일을 하려는 경향이 강하다. 자신의 열정에 부합되는 일을 하고 삶의 의욕을 저하시킬만한 일은 피한다. 단지 지금보다 행복해지기 바라기 때문이 아니다. 즐기는 일을 할때 더 똑똑해지기 때문이다.

좋아하는 일을 할 때 감사하는 마음을 갖게 된다. 결과적으로 기회를 포착하는 태도가 형성돼 일을 창의적이며 생산적으로 만든다. 그 과정에서 예상치 못한 기회를 얻어 십분 활용할 수 있게 된다.

하지만 우리의 이 논리를 무조건 받아들이라는 건 아니다. 이미 즐거움의 감각이 어떻게 사람들을 더 생산적이고 사교적이며 혁신적으로 만드는지 보여주는 연구가 늘고 있으니 말이다.

20년에 걸친 일련의 연구 실험에서 코넬 대학의 심리학자 엘리스 아이젠은 긍정적인 기분을 느끼는 사람은 사고하는 방식도 다르다는 사실을 밝혔다.

그중 한 연구는 의사들의 임상적 사고Clinical Reasoning를 측정하는 실험이었다. 의사들은 간질환 환자의 질병을 진단하기 전에 사탕한 봉지를 받았다. 긍정적인 기분을 상승시키려는 연구진의 선물이었다. 사탕을 받거나, 먹은 의사들은 긍정적인 기분을 느꼈으며 그 결과 각각의 진료 정보를 좀 더 **빠르게** 통합했다. 처음 내렸던 오진을 인정하고 그 진료를 고집할 확률이 더 낮았다. 아이젠의 또 다른 연구에서는 긍정적인 기분을 느낀 협상가들이 복잡한 교섭에서 통합적이고 유연한 해결책을 찾을 확률이 더 높다는 사실 또한 밝혔다. 아이젠과 동료들의 다년간의 연구를 종합하면 즐거운 사람들이 훨씬 더 유연하게 사고하며 복잡한 정보를 더 잘 처리할 수 있음을 보여줬다.

한편, 하버드 대학의 테레사 아마빌레 교수는 지난 30년간 일터에서 행복을 느끼고 창의적 사고를 끌어내는 요소가 무엇인지 연구해왔다. 그녀의 연구 결과는 내재동기가 그 열쇠임을 증명했다. 다시 말해, 일 자체를 기쁨과 만족과 흥미의 원동력으로 삼는 태도였다.

대조적으로 높은 연봉이나 명성, 외부 보상 같은 외재동기에 의해 일하는 사람들은 창의성이 상대적으로 낮았다. 아마빌레의 연구는 다양한 실험을 통해 입증되었다. 그중 한 가지 실험을 살펴보자.

아마빌레는 72명의 창의적인 작가들에게 눈Snow에 대한 짧은 시를 쓰도록 했다. 그다음 72명을 세 조로 나눴다. 두 개 조는 글을 쓰는 이유에 대한 설문지 작성을 요청받았다. 첫 번째 조가 받은 설문지에는 작가를 직업으로 택한 이유를 7가지 항목으로 열거하고 그 순위를 매기는 것이었다. 단, 설문 항목들은 모두 외재

동기에 관한 것이었다.

예를 들어 '베스트셀러 소설이나 시집 한 권만 내도 평생 먹고 산다는 말을 들어서'와 같은 것이다.

두 번째 조의 설문 항목은 모두 내재 동기에 관한 것으로, '나를 표현하는 것을 즐기기 때문'과 같은 조항이 있었다. 마지막 세 번째 조는 설문지 작성 대신에 단편 소설을 읽도록 했다.

각각의 그룹이 주어진 과제를 마치자, 72명 모두에게 웃음이라는 주제로 짧은 시를 작성하라는 사항이 전달됐다. 12명으로 구성된 작가 그룹이 시의 창의성을 독립적으로 판단하고자 대기 중이었다. 작문을 마치고 창의성을 평가하자 흥미로운 결과가 나타났다. 처음 '눈'에 대한 시는 72명 모두 창의성에 큰 차이가 없었다. 하지만 설문지 작성 후 '웃음'에 대해 쓴 시는 매우 다른 결과를 나타냈다. 내재동기에 설문을 작성한 조가 외재동기에 몰두한 조의 시보다 훨씬 더 창의적이었기 때문이다. 평소에 글을 쓰던 사람도 단 몇 분 동안 외재 동기를 생각하는 것만으로 창의성이 저하됐다.

이 실험 결과가 의미하는 것은 명료했다. 외형적으로 보이는 성공을 위해 개인적인 즐거움을 희생시키면 창의성은 크게 떨어진다는 것이다. 아마빌레의 또 다른 연구도 살펴보자.

아마빌레와 동료들은 238명이 쓴, 총 1만 2천 건의 직원 일지를 연구했다. 그 결과 일기를 쓴 사람의 기분이 좋은 날에 창의적 아이디어가 떠오를 확률이 50%나 증가했다. 또한 긍정적인 기분은 이월 효과도 있는 것으로 나타났다. 오늘 기분이 좋았다면 내일이나 모레 창의적인 생각이 떠오를 확률이 더 높았다. 오늘 느낀 좋은 기분이 며칠 후 새로운 아이디어를 샘솟게 만든 셈이다.

채플힐에 있는 노스캐롤라이나 대학교의 심리학자 바바라 프레드릭슨은 긍정적인 기분은 사람의 생각과 행동 범위를 넓히는 반면, 부정적인 생각은 개인의 사고를 제한하는 역효과를 낳는다고 발표했다. 한 연구에서 프레드릭슨은 104명의 대학생들을 두 조로 나눠 각각 긍정적 혹은 부정적이거나 중립적인 기분을 불러일으키는 영화를 보게 했다.

영화 감상을 마치고 두 개의 이미지를 보여주며 둘 중에 좀 더 보편적인 이미지를 고르게 했다. 그러자 긍정적인 기분을 느낀 학생들은 전체적인 특징에 더 신경을 쓰는 반면, 부정적인 기분을 느낀 조의 학생들은 좁은 시각으로 이미지의 부분적인 세부사항에 집착해 결정하는 모습을 보였다.

프레드릭슨은 이 연구를 비롯해 많은 실험으로 긍정적인 기분은 새롭고 다양한 사고와 행동을 하게 만든다는 결론을 내렸다. 반면에 부정적인 기분은 시야가 좁은 사고와 행동에 그치게 한다는 것을 밝혀냈다. 만약 당신의 기분이 좋다면 좀 더 유연하게 생각하고 도전적인 행동에 뛰어들기 쉽다. 이런 행동은 개인적 자산을 축적하고 인간관계를 형성하는 기회를 만든다. 물론 즐거움을 느끼는 것 자체는 일시적이다. 하지만 그것이 삶에 지속적인 영향을 주는 행동으로 이어진다는 사실은 주목할 만한 가치가 있다.

프레드릭슨의 통찰력은 필자들의 경험에도 녹아 있다. 수만 명의 삶을 연구하는 동안 필자들은 인생의 중요한 기회와 안목은 열정을 따르는 데서 시작된다는 것을 거듭 깨달았다.

이 책의 공동 저자인 존은 미 중서부의 한 마을에서 자랐는데 어린 시절부터 온갖 스포츠를 즐기며 자랐다. 그중 테니스를 무척 좋아한 존의 일화에도 그 해답이 깃들어 있다. 존은 고등학교에 진학해 테니스팀에 들어갔다. 대학에서는 선수로 활동하기도 했다. 경기가 있는 날은 주로 차를 타고 이동했는데 테니스 코치인 월러 박사와 개인적인 친밀함을 주고받은 계기가 되었다.

그러던 중, 존이 2학년이 되자 전공을 선택하라는 학교의 편지를 받았다. 존은 무엇을 선택할지 결정할 수 없었다. 한 달 뒤 학교는 같은 내용의 편지를 보내왔다. 이번에는 존에게 최후통첩을 보내왔다. 그 편지에는 '이번 주 금요일 오후 5시까지 교무처로 전공을 신청하지 않으면 영구 제적될 것'이라고 쓰여 있었다. 존은 어찌할 바를 몰랐다. 전공 선택에 대해 누구에게도 조언을 구해보지 않았기 때문이다. 그때 존의 머릿속에 단 한 사람이 떠올랐다. 바로 월러 박사였다. 존은 금요일 오후 4시에 면담 약속을 잡고 월러 박사를 만나자마자 단도직입적으로 물었다.

"박사님, 제가 지금부터 한 시간 안에 전공을 결정하지 않으면 영구 제적을 당하게 생겼어요. 제가 무엇을 전공하는 게 좋을까요?"

그러자 윌러 교수는 대뜸 "당연히 심리학을 전공해야지"라고 말했다. 윌러 박사는 테니스 코치였을 뿐 아니라 심리학과 교수였다. 평소 친밀한 관계를 나누던 존이 전공 선택을 물어오자 심리학을 당연하게 제안한 것이다.

"알겠습니다."라고 말을 던지기 무섭게 존은 문밖으로 뛰쳐나갔다. 그리고 교무처로 달려가 마감 30분을 남겨두고 전공 신청란에 심리학이라고 적어 제출했다.

현재 그는 일류 대학의 유명 심리학 교수뿐 아니라 여러 권의 책을 출간한 저자, 권위 있는 다수의 상을 휩쓴 학자가 되었다. 또한 전미카운슬링협회American Counseling Association로부터 〈살아있는 전설Living Legend〉상을 수상하는 영광을 누렸다.

존은 전 세계를 누비는 일류 강연가다. 이런 업적들은 존이 구체적인 계획을 세워 심리학자가 된 것처럼 보이게 하지만 실상은 테니스에 대한 열정이 우연한 기회를 가져왔을 뿐이었다.

그저 자전거 타기를 좋아했을 뿐인데 1억 2천만 달러라니
I just loved to ride a bike, but it's worth making 120 million dollars

삶을 즐기는 자체가 인생을 완전히 바꿔 놓은 또 다른 사례가 있다. 바로 영양보충용 에너지바인 클리프바의 창시가 게리 에릭슨의 경우다. 1990년에 에릭슨은 33세의 청년이었다. 그는 스키장비, 산악도구, 트럼펫 따위가 어지럽게 널브러진, 난방도 되지 않는 차고 안에서 개와 함께 살고 있었다. 고정 수입이 없었으며 하루하루 근근이 살아갈 뿐이었다. 에릭슨은 대부분의 시간을 요세미티에서 암벽을 오르는데 보냈다. 그리고 매년 친구들과 산악자전거를 타고 유럽 지역의 산을 오르곤 했다. 때때로 그는 산악자전거 대회에도 참가했는데 당시 대부분의 선수는 체력 보강을 위해 파워바를 주로 먹었다. 시장에 유통되는 유일한 에너지바였기 때문이다.

하루는 친구인 제이가 주말에 산악자전거를 타러 가자고 제안했다. 제이는 새로운 경로를 찾아내는 걸 좋아했는데, 125마일쯤 되는 새로운 길을 찾았다고 했다. 새벽에 떠나서 리버모어 계곡 주변을 돌다가 캘리포니아 송수로를 쭉 거쳐 해밀톤산을 오르는 여정이었다. 그들은 출발하기 전, 각자 여섯 개의 파워바를 챙겼다. 그리고 120마일쯤 갔을 때, 그곳이 전체 거리의 3분의 1 지점이란 사실을 알게 됐다. 에릭슨은 에너지를 보충하기 위해 이미 다섯 개의 파워바를 먹어치운 상태였다.

하는 수 없이 마지막 파워바를 먹으려는 순간, 역한 느낌이 입을 막았다. 에너지바의 맛과 식감이 좋지 않다 보니 참고 먹기가 어려웠다. 다행히 남은 길은 주로 내리막이었고 편의점도 찾을 수 있었다. 도넛 한 상자를 사서 정신없이 배를 채우던 그 순간! 에릭슨의 뇌리를 스치는 한 가지 생각이 있었다.

'그래, 내가 파워바보다 더 맛있는 에너지바를 만들면 되지 않겠어? 너무 맛있어서 여섯 개를 한꺼번에 모두 먹고 싶게 만드는 그런 에너지바 말이야.'

당시 에릭슨의 어머니는 캘리포니아 버클리 지역에서 조그만 빵집을 운영하고 있었다. 주로 어머니의 레시피에 따라 군것질거리를 만드는 가게였다. 에릭슨은 그곳에서 에너지바를 만들기 시작했다. 여러 종류의 귀리, 말린 과일, 천연 감미료 등을 사용하며 다양한 방법을 시도하기로 했다. 그러는 동안 수도 없이 실패한 반죽을 내다버리고 주걱을 부러뜨렸다. 한 번은 어머니의 키친에이드Kitchen Aid 믹서 모터를 모두 태워버린 적도 있었다. 하지만 6개월쯤 지나자 드디어 원하는 결과를 얻었다. 가공하지 않은 건강한 재료로 만들어진, 영양 만점의 에너지 바를 만든 것이다. 거기다 맛과 식감은 일반 쿠키와 다름없었다.

에릭슨은 대회 때마다 자신이 만든 에너지바를 친구들과 다른 선수들에게 나눠주기 시작했다. 그러자 폭발적인 반응이 쏟아졌다. 1992년, 에릭슨은 〈클리프바〉를 정식 상품으로 등록했다. 에릭슨의 클리프바는 처음부터 대박이었다. 첫해에만 70만 달러 이상을 팔아치웠고 그 후 10년간 기하급수적으로 규모가 커져, 3년째 되는 해에는 1백만 5천 달러의 판매고를 달성했다. 1997년에는 연간 2천만 달러 매출을 올렸다. 2002년, 에릭슨은 1억 2천만 달러에 회사를 매각하라는 제의도 거절해버렸다.

『목표를 높여서 Raising the Bar』라는 자신의 책에서 그는 성공에서 우연이 차지하는 비중을 강조했다. 친구의 모험심이 없었다면 그는 클리프바에 대한 아이디어를 생각해내지 못했을 것이다. 자신의 삶에서 가장 강력한 기회는, 개척되지 않은 길을 다니기 좋아했던 '즐거움'을 누린 데서 나왔다고 그는 굳게 믿고 있다. 클리프바에 대한 아이디어가 바로 그 완벽한 예가 아니겠는가? 그는 빵집 주인의 아들이었고 산악자전거를 타며 에너지바를 먹었다. 어느 정도 필요한 조건을 갖추고 있던 셈이다.

하지만 즐거움을 주는 산악자전거를 그만뒀더라면 어땠을까? 더 좋은 학벌과 직업을 갖기 위해 개인의 즐거움을 누리는 건 사치라고 생각했다면 말이다. 분명 예기치 않게 찾아오는 '우연'으로 가장된 기회는 영영 그의 것이 아니었을 것이다.

즐거움의 극적인 순간
The Joyful Tipping Point

수면 시간이 업무 생산성과 기분에 큰 영향을 미친다는 말을 들어 봤을 것이다. 규칙적인 수면을 하지 못하면 누적된 피곤으로 집 중하기 힘들 뿐 아니라 일상생활도 제대로 하기 힘들다. 비슷한 맥락에서 만약 음식을 먹지 않고 오랜 시간 버티면 체내 에너지 가 바닥나고 몸에 기력이 다해 아무것도 하기 싫어진다. 그래서 우리는 일정한 시간마다 건강한 음식을 먹으려고 애쓴다. 삶에서 느끼는 즐거움도 수면이나 음식 섭취와 다르지 않다. 즐거움을 충분히 느끼지 않으면 삶의 의욕이나 욕구도 없어진다.

성공하는 사람들은 이 사실을 정확히 알고 있다. 그래서 그들 대부분은 정기적으로 즐거움을 느끼려고 노력한다. 마치 수면이 나 식사에 신경을 쓰듯이 말이다. 이들은 매일 보람 있고 즐거운 활동에 참여할 수 있는 기회를 만들기 위해 삶을 조직한다. 그렇 다면 어느 정도의 즐거움을 느껴야 할까? 최신 연구에서 그 답을 찾아보자.

앞서 소개한 바바라 프레드릭슨은 『긍정에 관한 최고의 연구 : 3대 1의 비율이 당신의 삶을 바꾼다』에서 이렇게 밝혔다.

"행복하게 정돈된 인생을 사는 한 가지 방법은 한 번의 부정적인 기분을 겪을 때마다 최소 세 번의 긍정적인 감정을 경험하는 것입니다."

여기서 말하는 긍정적인 경험은 거창한 게 아니다. 산책을 하거나 친구와 차를 마시는 정도의 단순한 일이다. 핵심은 이 긍정적인 경험이 정기적으로 일어나야 한다는 점이다. 프레드릭슨의 3대 1 비율이 말하듯, 긍정적인 경험이 부정적인 경험보다 최소 3배 이상 높아야 한다.

"사람들의 긍정 비율에 대한 놀라운 사실은 그 비율에 따라 티핑 포인트예기치 못한 일들이 한순간에 폭발하는 극적인 순간가 일어나기 쉽다는 겁니다. 일정 비율 아래로 떨어지면 부정적 기분으로 가득한 상태에서 헤어 나올 수 없게 되거든요. 행동도 너무나 뻔한 쪽으로 굳어 버리죠. 부담을 느끼니까 그래요. 가끔은 넋 나간 것처럼 보이기도 합니다.

하지만 일정 비율 이상이 되면 긍정적인 기분에 힘입어 상승세를 타고 쭉 올라가죠. 그러면 행동도 창의적이 됩니다. 그렇게 성장하는 거예요. 행복감에 들뜨고 살아있다는 걸 느끼면서요."

테레사 아마빌레도 『발전의 원칙 : 작은 성공으로 일터에서 즐거움, 열정, 창의성을 일깨우는 법 The Progress Principle : Using Small wins to Ignite Joy, Engagement and Creativity at Work』에서 이 사실을 언급했다. 아마

빌레에 따르면 직장인의 성공에서 가장 중요한 요소는 '의미 있는 일로 발전할 기회를 얻는 것'이라고 했다. 쉽게 말해, 프로젝트를 끝냈거나 문제의 해결방법을 찾았을 때를 말한다. 사람은 자신이 중요하다고 느끼는 일에서 가장 긍정적이고 창의적이 된다. 반대로 무관심한 환경이나 좌절감을 느끼면 부정적 상태가 된다.

따라서 아마빌레는 동기를 잃지 않고 업무의 능률을 유지하려면 매일 즐겁고 의미 있는 발전의 기회를 가져야 한다고 주장한다. 이때 중요한 것은 발전의 크기가 아니라 빈도다. 진전이 조금씩 일어나도 그것을 바라보는 시선에 따라 큰 차이를 만든다.

"진정한 진보는 만족, 기쁨, 심지어 환희와 같은 긍정적인 감정을 유발합니다. 성취감과 자신감, 업무에 대한 긍정적인 태도와 함께 말입니다. 자신이 속한 조직에 대한 평가도 좋아지고요. 그런 사고와 인식에 긍정적인 감정이 더해지면 동기부여가 되고 일에 대한 참여도 깊어집니다. 성과를 내는 중요한 요소지요."

아마빌레의 연구는 주로 직장에서의 동기와 업무를 다루지만 모든 사람의 일상적인 삶에도 얼마든지 적용 가능하다. 필자들은 상담을 통해 내담자들이 삶에 갇힌 것 같은 기분에 싸인 채, 희망 없고 무기력한 나날을 보내게 되는 원인을 파악했다. 결론적으로 그 이유는 자신에게 중요한 일보다 쓸데없는 일을 걱정하며 시간을 쓰기 때문이었다. 자신에게 의미 있는 일이나 프로젝트에 손을 대보기도 전에 우울감에 빠져 지낼 이유가 있을까?

나의 인생 신조는 일로 즐거움 삼고
즐거움을 또한 나의 가장 큰 일로 삼는 것이다.

- 아알론 바

아마빌레와 프레드릭슨의 연구는 삶에서 즐거움을 꾸준히 누리는 것의 중요성을 강조한다. 매일 즐거운 행동을 할 기회를 마련하고 의미 있는 일을 통해 성장해야 한다는 것이다. 즐거운 경험과 성장의 순간은 굳이 거창할 필요가 없다. 다만 그것이 매일매일 이뤄지기만 하면 된다.

삶에서 긍정적인 경험을 충분히 겪은 후 일종의 정신적인 티핑 포인트에 도달하면 세상을 보는 시각 자체가 달라진다. 좀 더 여유롭고 자신감 넘치게 된다. 또한 어떤 상황에 놓이든 빨리 대처하고 희망과 감사함으로 가득하게 된다. 앞에 놓인 기회에 민감하게 반응하고 행동에 직접 뛰어들게 된다.

반대로 즐거움을 지속적으로 느끼지 못하면 부정적인 감정에 휩싸인다. 절망감에 빠져 어떤 일도 하고 싶지 않게 된다. '도대체 좋아질 것 같지가 않아'라고 느끼는 것이다. 그러니 기회가 와도 좀처럼 보지 못한다. 설사 본다 한들, 너무 피곤하고 무관심해진 나머지 행동으로 옮길 엄두를 내지 못한다.

수많은 파이를 먹어봐야 알 수 있는 것
Eating the Tasty Pie

우리 필자들은 매디슨과 상담을 진행하면서 '즐거움의 티핑 포인트'의 중요성을 다시 한 번 절실하게 느꼈다. 매디슨은 커리어를 높일 방법을 계획하는 데 어려움을 겪고 있었다. 지난 3년간 그녀는 생명공학 회사의 법무팀에서 일해 왔다. 매디슨은 로스쿨 진학을 계획 중이었는데 그 일이 점점 어렵게 느껴지는 중이었다.

처음 상담을 받으러 왔을 때부터 그녀가 심한 스트레스를 겪고 있다는 건 분명해 보였다. 긴장한 탓에 몸이 뻣뻣하게 굳어 있었고 목소리만 들어도 얼마나 지쳐있는지 알 수 있었다. 최근 그녀의 부서에는 새로운 상사가 들어왔는데 자신을 소개하는 자리에서 대뜸, 쓸모없는 직원들은 자르겠다고 엄포를 놓았다고 한다. 그는 실수를 하고 무게를 짊어지지 않은 사람들을 경계할 것이라고 덧붙이면서 말이다. 이것이 직원들에게 동기를 부여하는 효과적인 방법이라고 진로를 고민하던 매디슨이 상사의 이런 말을 듣고 편할 리 없었다. 애초에 그녀가 로스쿨 진학을 고려한 이유는 장래가 유망해 보였기 때문이다. 변호사로 일하는 친척은 풍족한 생활을 누리고 있었다. 그렇다 보니 부모님 또한 변호사가 되는 것을 적극 권유했다. 하지만 정작 문제는 그녀가 법에 대한 열정이 크지 않았다는 데 있었다. 법률 업무가 복잡한 문제에 해결책을 찾고 분석적이라는 건 마음에 들지만 그 이상 끌리지 않았다. 법률 책을 재미삼아 읽어보거나 법에 대해 더 알고 싶어 세미나에 참석해본 적도 없었다. 그러니 로스쿨 진학 계획은 기대가 아닌 부담으로 다가왔다. 더구나 진학에 꼭 필요한 입학시험 준비에도 진척이 없었다. 시험에 강한 편이니 고득점이 가능할 거라는 자신감이 있기는 했다. 하지만 공부만 시작하려고 하면 쉽게 지치고 걱정이 앞섰다.

메디슨의 상황 설명을 듣던 우리는 그녀의 목소리에 진실한 열정이 없다는 걸 단번에 눈치 챘다. 변호사가 되는 게 얼마나 홍미로울지에 대해 말하는 목소리가 마치, 마음에 들지 않는 남자와 데이트한 얘기를 들려주는 것 같았다. 상대에 대한 나쁜 말을 꺼리면서 "그 사람이 매너는 훌륭하더라고요."라고 말하는 듯했다. 이점을 지적하자 그녀는 한바탕 크게 웃었다. 정곡이 찔린 듯 내면의 표현력이 억눌린 모습을 보였다.

우리는 매디슨에게 평소 즐겨하는 일이 무엇인지 물었다. 그러자, "글쎄요, 요즘엔 통 재미있는 일을 못 해서요."라고 대답했다. 퇴근 후 집에 오면 매일 밤마다 피곤하고 짜증만 나고, 자기 전에 온라인 게임을 잠깐 하는 걸 제외하면 날마다 재미없는 삶의 연속이라고 했다. 공부를 미루는 것도 죄책감이 들고 완전무장을 한 채 일터로 나가지 않는 이상 좀처럼 아무것도 손에 잡히지 않는다고 했다. 극심한 스트레스 탓에 남자친구와의 관계도 점차 악화되고 있었다. 그녀는 종종 그를 참을 수 없었고 껴안고 싶지 않았다.

그녀의 이야기를 듣고 우리가 매디슨에게 내놓은 첫 번째 해결책은 '삶의 즐거움을 늘려라'는 것이었다. 시험에 너무 전전긍긍하는 것 같으니 아예 3개월 정도 여유를 갖고 공부 대신 즐거운 일을 좀 더 많이 하라고 조언했다.

매디슨은 확실히 안도감을 느끼며 우리의 제안이 좋은 생각처럼 들린다며 동의했다. 우리는 그녀에게 과거에 즐기면서 했던 일이 있었는지 물었다.

"사실 오랫동안 연기를 한번 해보고 싶었어요." 그녀의 대답은 뜻밖이었다. 매디슨은 중·고등학교 시절 내내 연극반이었고 대학 시절에도 연극 동아리에서 공연을 했다고 말했다. 흥미로운 것은 연기 경험을 말하는 그녀의 목소리가 상당히 흥분되기까지 했다는 점이다. 이런저런 농담을 하며 여유로운 모습을 보이며 순간

완전히 딴 사람이 된 듯 보였다. 에너지가 넘쳐 생생한 온기를 내뿜었다. 우리는 그녀에게 가능하면 빨리 연기 활동에 참여할 방법이 있느냐고 물었다.

"대학시절 연극 동아리 친구들과 매주 모여 오디션 준비를 하곤 했는데 직장에도 연기에 관심 있는 직원들이 몇몇 있는 것 같아요. 그 사람들과 새로운 연극팀을 만들면 어떨까요?"

회사로 돌아간 매디슨은 몇 가지 준비를 마치고 곧바로 연극 동호회를 만든다는 이메일을 보내기 시작했다. 첫 번째 모임을 가졌던 날, 네 명의 동료가 자신의 집에 모인 일을 얘기하는 그녀는 흥분한 기색이 역력했다. 앉아 있던 의자에서 거의 벌떡 일어날 정도였다.

"그렇게 즐거운 시간을 보내고 나니 정말 즐거워서 크게 웃는다는 게 뭔지 그동안 잊고 있었다는 생각이 들더라고요."

매디슨이 인생을 좀 더 즐기기로 마음먹자 업무에 대한 만족감은 낮아졌다. 그녀가 상대하는 고객들은 주로 딱딱하고 언쟁하길 좋아하는 사람들뿐이었기 때문이다. 더구나 매디슨에게 마치 '좀비 같은' 목소리로 대답할 것을 명령하곤 했다. 그러나 매디슨은 좀 더 즐겁고 호의적이며 다양한 배경을 가진 사람들과 일하고 싶다는 생각이 간절했다. 생각해 보니 현재 직장이 그 정도라면

분명 법조계에서는 더 할 것 같다는 생각이 들었다. 물론 즐기면서 일하
는 창의적인 변호사들도 많겠지만

지금까지 매디슨은 법 관련 직업만 생각해왔다. 그런데 이제
는 묘한 전율을 느끼며 다른 진로를 고민하기 시작했다. 장래가
유망한 직업으로는 부족했다. 연극 동호회에서처럼 환호성을 지
르며 즐겁게 할 수 있는 일을 직업으로 삼고 싶었다. 자신의 커리
어를 천천히 돌이켜보니 가장 즐거운 경험은 대학교에서 학생상
담사로 일했던 것이었다. 그래서 학생들과 함께 할 수 있는 직업
을 찾아보기로 결심했다.

여러 선택 사항들을 검토한 후 매디슨은 유명 소프트웨어 회
사에서 학생 참여를 관리하는 매니저 일을 택했다. 주된 업무는
소외 계층의 엔지니어링 전공 대학생들과 관계를 맺는 프로그램
을 만드는 일이었다. 도전적인 문제에 대한 해결책을 찾는 동안
비즈니스 리더들, 진로 전문가들, 대학 교수진과 함께 활동할 기
회도 많았다. 학생들 개개인과 직접 만나 진로 탐색을 응원하면
서 더 이상 일터에서 좀비처럼 앉아있을 필요가 없다는 생각이 들
었다. 드디어 그녀 특유의 긍정적인 성격과 열정적인 태도를 드
러낼 수 있는 일을 찾게 된 것이다.

매디슨은 한편으로 공연을 하며 연기활동도 이어갔다. 최근에
는 코미디에도 도전하고 있으며 지역 공연장에서 자신의 경험을
주제로 라이브 쇼를 펼칠 예정이라고 했다. 이제 그녀는 자신이

즐기는 일을 얼마든지 직업과 병행할 수 있다고 믿고 있다. 평소 미식가인 그녀는 이렇게 말했다.

"살면서 맛있는 파이를 먹고 싶은 게 당연하지 않겠어요? 무슨 파이가 맛있는지 알려면 수많은 파이를 먼저 먹어봐야 한다는 걸 확실히 알게 됐어요."

즐거움 추적하기
Tracking Your Joy

삶을 즐거운 순간들로 채우려면 어떻게 해야 할까? 살아있음을 느끼며 감사하고 호기심으로 가득한 열정을 갖기 위해서 말이다. 먼저 자신의 감정적 경험의 패턴을 살펴야 한다. 그 중 한 가지 도구는 일기다. 많은 연구에 따르면 매일 일기를 작성하면 상당한 정서적, 인지적, 조직적 이점이 있음이 밝혀졌다.

당신의 삶에서 Do-It-Anyway어쨌든 하기 접근 방식을 구현하는 것과 관련된 경험과 통찰력에 대한 기록을 시작하는 것이 좋다. 이 책을 통해 우리는 일기를 활용한 여러 활동을 소개할 것이다. 일기를 쓰는 것은 자신의 감정을 알고 일상을 관리하는 데 많은 도움을 준다. 일기는 굳이 구체적으로 쓸 필요가 없다. 그저 일상에서 관찰한 것들을 몇 분 동안만 기록해도 분명 도움이 된다. 날마다 일기에 담아 볼 만한 내용은 다음과 같다.

- 오늘 특히 즐거웠던 일은 무엇인가?
- 오늘 배운 흥미로운 사실은 무엇인가?
- 삶과 일, 가족과 친구에 대해 감사함을 느낀 일은 없었는가?
- 호기심을 자극한 일은 무엇인가?
- 놀라움으로 가득 차게 한 것은 무엇인가?
- 아름다우며 영감을 불러일으키는 것을 보았는가?
- 새롭게 시도해 본 일이나 처음 가 본 곳이 있었는가?
- 사람들과의 관계에서 보람찬 일이 있었는가?

즐거운 행동을 해야 하는 것처럼 자신의 창의성을 끌어낼 수 있는 내용들을 일기에 남겨 보자. 문제를 직접 제시하고 새로운 실천법도 생각해 보라. 마치 괴짜 철학자, 발명가, 호기심 많은 인류학자, 혹은 자애로운 휴머니스트가 된 기분으로 이것저것 써보거나 그려보는 것 등이다.

우리가 어릴 때 노는 건,
그게 의무라거나
뭔가를 배우기 위해서가 아닙니다.
물론 그것도 사실이긴 하지만요.

하지만 그보다
인간이 즐거움을 좇도록 만들어졌기 때문입니다.
인간이기에 당연한 겁니다.

- 존손, 영국 건축가

즐거움의 지도화,
당신이 즐거움을 느끼는 장소는 어디입니까?
Mapping Joy. Where is the place where you enjoy?

삶을 개선하는 가장 손쉬운 방법은 즐거움을 느낄 수 있는 긍정적 인 경험에 시간을 쏟아 붓는 것이다. 또한 사기를 떨어뜨리고 힘 들게 하는 일은 피하고 자신의 선택권을 제한하는 것이다. 보다 쉽게 몸에 익히는 방법인 '즐거움의 지도화'를 살펴보자. 이것은 일상의 여러 행동 가치를 파악하게 한다. 매일 머무는 장소에서 느끼는 즐거움의 정도를 지도로 만드는 방법이다.

첫 번째 단계에서는 집, 일터, 헬스클럽, 자주 가는 음식점 혹은 여러 식당들, 친구 집, 동네공원과 같이 당신이 시간을 보내는 주 요 장소를 적는다.

동그라미 안에 장소를 적는 방식으로 지도를 그린다. 다니는 모든 장소를 적을 필요는 없다. 매일 혹은 매주, 자주 가는 장소 위 주로 적으면 된다. 특정 장소에서 아주 많은 시간을 보낸다면 따 로 동그라미를 그려서 그 안에 세부 장소를 나눠적는다.

예를 들어 일터라면 사무실, 회의실, 식당, 상품 개발실 등으로 세분화한다. 마찬가지로 집에서 많은 시간을 보낸다면 집이라고 쓴 동그라미를 거실, 침실, 서재, 뒤뜰 등으로 나누면 된다.

두 번째 단계는 지도를 들여다보고 각각의 장소에서 느끼는 기쁨의 정도를 생각한다. 잠시 틈을 내서 생각해보는 것이다. 그런 다음 기쁨의 정도를 1에서 10으로 정해서 각각의 장소에 써 넣는다.

세 번째 단계는 긍정적인 경험을 좀 더 할 수 있도록 지도를 가이드로 이용하는 것이다. 당신은 많은 재미를 느끼는 곳에서 더 많은 시간을 보내고 부정적이고 생명이 없다고 느끼는 곳에서 더 적은 시간을 보내고 싶어 한다.

당신이 거기에 갈지를 선택할 자유가 있는 지도의 장소가 있다. 예: 요가 스튜디오, Monday Night Football을 시청하는 스포츠 바, 토요일 오후에 방문하는 쇼핑몰, 지역 커피숍 즐거움을 많이 느끼는 장소에서 시간을 더 많이 보내고 부정적이며 무미건조한 기분이 드는 곳에서 사용하는 시간을 줄인다.

지도를 찬찬히 들여다보자. 아마 원한다면 가지 않아도 될 장소들이 눈에 들어올 것이다. 지루하고 맥 빠지는 기분이 드는 곳은 피하는 게 현명하다. 만약 당신을 적극적으로 활동하게 만드는 곳이 있다면 가는 시간을 늘려라. 지도를 만들면서 몇몇 장소에 대해서는 선택권이 없을지 모른다. 어쩔 수 없이 출근해야 하는 회사 같은 곳 말이다. 매일 출근해야 하고 차에서 출퇴근하는

데 한 시간을 보내야 할 수도 있다.

하지만 당신이 무엇을 하고 어디에 갈지 선택할 자유는 여전히 당신 자신의 소중한 권리다. 행복과 만족감은 전적으로 당신의 선택에 달려있다. 성공과 행복을 누리며 의미 있는 삶을 살고 싶은가? 그렇다면 당신을 즐겁게 하는 행동을 분명히 선택해야한다. 이것은 절대적이며 명확하고 그 무엇보다 분명하다.

즐거움의 지도화 마지막 단계는 즐거움의 장소를 받아들이는 것이다. 새로운 즐거움을 가져다줄 모험가가 돼 보는 것이다.
예를 들어 주변의 박물관이나 재미있는 야간 강좌를 제공하는 주민 센터, 이색적인 퓨전 레스토랑같이 흥미 있는 새로운 장소를 찾아보라. 망설이지 말고 시도 해보라. 그곳에 가서 사람들을 만나고 배우며 즐거움을 만끽해 보라. 새로운 가능성에 자신을 활짝 열어 둔 채 말이다. 그리고 그곳을 지도에 추가하라. 머지않아 당신의 지도, 나아가 당신의 삶 전체가 좀 더 다양하고 즐거운 환경과 활동들로 가득 채워질 것이다.

Start as soon as possible
and fail as many times as possible

Chapter 2

가능한 더 빨리 시작하고
최대한 더 많이 실패하라

생각해 보라.
실수를 한다고 죽지는 않는다.
틀린 말을 하거나 어설픈 아이디어를
따라 한다고 해도 마찬가지다.
오히려 실패를 피하려는 삶이 당신을 구속한다.

알고 있는가?

당신이 버킷리스트를 만들고
5년, 3년, 1년 계획을 세우고
수없이 많은 실천거리에 질려 있을 때
성공하는 사람들은 매우 작은 행동을
시작한다는 것을 말이다.

물론 우리도 종종 실수를 했습니다.
대개 처음 소프트웨어를 만들 때
미처 발견하지 못해 생략한 부분들이 있었죠.
그래서 제대로 될 때까지 끈질기게 수정해 나갔어요.
그렇게 하다 보니 경쟁회사들이
완벽한 디자인을 만든답시고 손가락만 빨고 있는 동안
우리는 벌써 다섯 번째 버전을 출시해 놓았습니다.
경쟁회사들이 이제 뭔가 작업을 시작하려고 할 때
우리는 벌써 열 번째 버전을 내놓는 겁니다.

저쪽에서는 계획을 먼저 세우고
우리는 행동으로 보여주는 패턴의 반복이죠.

우리는 첫째 날부터 그냥 행동에 뛰어들었어요.
경쟁사들이 '어떻게 계획할지' 몇 달에 걸쳐
계획을 세우는 동안에 말이죠.

- 마이크 블룸버그, 전(前) 뉴욕 시장

빠르게 더 자주 실패하라

Fail Fast, Fail Often

> 성공하는 사람들은 빠르게 실패하는 것을 두려워하지 않는다.
> 최대한 빨리 '실패를 없애버릴 수 있는 가장 좋은 방법'이기 때문이다.

테드 올랜드와 데이비드 웨일런의 저서 『예술과 두려움 Art and Fear』에 실린 어느 도자기 공예 선생님의 실험 이야기를 살펴보자. 강사는 반 학생들을 두 그룹으로 나누고 채점 기준을 설명했다. "채점 기준은 간단합니다. 도자기 50개를 만든 학생은 A를, 40개를 만든 학생은 B를 받게 될 것입니다."

그리고 또 다른 그룹의 학생들에는 "한 학기 동안 만든 작품 중에 최고로 잘 만든 작품 한 점만으로 점수를 받게 될 것입니다."라고 설명했다.

한 그룹은 '양'으로만, 또 다른 그룹은 작품의 '질'로만 평가 한다는 것이다.

드디어 한 학기가 끝났다. 그리고 실험을 주도한 강사는 매우 흥미로운 사실을 발견했다. 미적, 기술적, 섬세함 면에서 최고의 작품을 제출한 학생들이 모두 '양 중심' 그룹에 속해있다는 것이었다. 양 중심 그룹에 속한 학생들은 더 많은 작품을 제출하려고 도자기를 수도 없이 빚었다. 그러는 동안 어느새 흙을 다루는 일 자체에 점점 능숙해져 갔다. 한 점 한 점 빚어가며 실수를 통해 많은 것을 배운 것이다.

반면, 작품의 질 중심 그룹의 학생들은 이와 대조적이었다. 완벽하고 정교하게 빚은 도자기 한 점을 제출하기 위해 세밀한 계획을 세웠고 결국 대부분의 학생이 학기가 끝날 때까지 몇 점도 완성하지 못했다. 연습이 턱없이 부족했기 때문에 실력도 나아지지 않았다.

필자는 해당 실험의 예를 무척 좋아한다. 이 실험에 중요한 원칙이 담겨 있기 때문이다. 성공하는 이들의 절대 원칙. 바로, '재빨리 행동에 뛰어들기'를 설명하기 쉽기 때문이다. 그들은 실수나 실패를 피할 방법을 찾는데 많은 시간을 쓰지 않는다. 오히려 능력과 지식의 한계를 드러낼 기회를 열심히 찾아다닌다. 이 행동은 그들을 무엇이든 재빨리 배우게 만든다. 그리고 미숙한 준비야말로 성장을 위한 최적의 조건임을 깨닫게 한다.

반대로 실패하는 사람의 공통점은 준비가 덜 된 것을 시작하지 않아야 할 신호로 여긴다. 그리고 계획을 새롭게 바꿔 볼 궁리를 한다. 점점 더 많은 시간을 준비와 계획에 쏟아붓는 것이다.

곰곰이 돌이켜보자. 최근에 자부심을 느낀 때는 언제인가? 그 성취를 이뤄가면서 어떤 기분이 들었는가? 능력 밖인데도 낑낑대며 일을 해야 했거나 중간 과정이 실수투성이는 아니었는지 생각해 보라. 당신이 대부분의 사람들과 비슷하다면, 당신이 가장 많이 성장하고 큰 성취를 한 때는 실수와 실패가 가장 많고 큰 장애물을 극복했을 때일 것이다.

이제부터 당신이 갖고 있던 실패에 대한 생각이 완전히 뒤바뀔지 모른다. 앞으로 이어지는 장에서 지금까지 배워왔던 것 전체를 의심하게 될 수도 있다. 그것은 철저한 계획을 세우는 일과, 실패에 대한 새로운 패러다임이기 때문이다. 우리 필자들은 실수와 실패를 의도적으로 사용하여 학습을 가속화하고 새로운 기회를 창출할 수 있도록 돕는 쉬운 몇 가지 방법을 소개할 것이다.

그리고 시종일관 당신에게 요구할 것이다.

"가능한 한 좀 더 빨리, 그리고 자주 실패하세요."라고 말이다.

가능한 빨리 형편없이 하세요
Do It Badly, as Fast as You Can

매혹적인 연기, 아름다운 예술 작품, 창의적인 비즈니스와 천재적인 발견은 남다른 재능이 있었으며 완벽하게 형성되었다고 생각했을지 모른다. 그러나 정확히 말하면 모두 수백 번의 실수와 실패로 일궈진 것들 뿐이다. 제리 사인필드와 클리스 락골든 글로브와 에미상 등 미국 코미디 부문 최우수 배우상 수상자과 같은 노력한 코미디언들도 급조한 농담거리들을 지방 소규모 공연장에 선보이며 수천 번 시도한 후에야 현재의 위치에 올랐다.

"수정과 개선을 거친 소수의 공연 아이디어만이 전국 관객에게 선보일 만한 세련된 쇼로 이어진 것들이에요. 대부분 처음에는 관객에게 무시당하곤 했던 농담들이었지요."

하워드 슐츠의 스타벅스 창립은 많은 실수로부터 성공을 이끌어 낸 대표적인 사례다. 설립 당시 슐츠는 스타벅스의 모델로 이탈리안 커피숍을 점찍었다. 미국 소비자들에게 근사하고 새로운 경험을 선보이겠다는 생각이었다.

물론 훌륭한 생각이다. 하지만 지금 스타벅스는 어떤가? 슐츠의 초창기 콘셉트와는 비슷한 구석이 없다. 최초의 스타벅스 매장에는 바리스타들이 나비넥타이를 매고 있는가 하면 끊임없이 오페라 음악이 흘러나왔다. 메뉴는 이태리어로 돼 있어 손님들이 짜증을 내곤 했다. 제대로 앉을 의자도 없었고 무지방 우유는 취급하지도 않았다. 스타벅스는 수천 가지의 실험과 개선을 통해 비로소 지금의 모습을 이뤘다.

'더 빨리 배우기 위해 더 빨리 실패하라'는 지론은 흔히 실리콘밸리 사업가들이 말하는 실패하며 전진하기failing forward와 같은 의미다. 이 개념은 실리콘밸리에서 성공할 수 있는 비즈니스의 기본으로 여겨진다. 신제품을 가능한 빨리 선보여 피드백을 얻고 이에 따른 기회나 취약점을 파악하라는 의미다. 그리고 그다음 행보를 결정하라는 의미다.

애니메이션 제작사인 픽사Pixar Animation Studios 또한 이런 지침을 따르고 있다. 픽사의 공동 창립자이자 회장인 에드 캣멀은 픽사의 작품에 대해 이렇게 말했다.

"모든 것은 엉망인 상태에서 엉망이지 않은 상태로 가는 과정에 불과하다. 영화 제작 산업은 수천 개의 완성되지 않는 개념 사이에 몇 가지 괜찮은 아이디어가 묻혀있는, 원시적인 스토리보드 몇 장에서 시작한다. 초기에는 말도 안 되는 아이디어가 셀 수 없이 많다. 애니메이션 팀은 하나의 최종 컷을 위해 수천 번의 수정을 거친다. 실패를 거듭하는 여유를 스스로 허락하면서 형편없는 아이디어는 가능한 한 빨리 내던진다. 그리고 그때서야 제대로 일할 수 있는 경지에 이른다."

「니모를 찾아서 Finding Nemo」와 「월-E WALL-E」의 감독을 맡았던 앤드류 스탠튼의 말도 들어보자.

"제 전략은 항상 똑같습니다. 가능한 한 빨리 실패해버리자는 거죠. 즉, 망치는 걸 피할 수 없으니 이점을 인정하자는 겁니다. 두려워해서는 안 돼요. 물론 해답에 도달하려면 그 과정도 신속해야겠죠. 생각해보세요. 사춘기도 지나지 않고 성인에 이를 수는 없지 않습니까? 어차피 한 번에 성공할 수는 없어요. 저는 금방 틀릴 것이고 정말 빨리 틀릴 것입니다."

만약 창의적인 일을 시도한다면 스스로에게 실패할 여유를 허락하는 것이 특히 중요하다. 우리는 모든 사람이 창의적이라는 점에 주목해야 한다. 우리 모두는 살면서 아이디어를 짜내고 문제 해결책을 찾으며 꿈꾸고 자신의 길을 개척해 나가고 있다. 그리고 당신 자신의 삶은, 당신이 만들어내는 궁극적인 창조물이다.

작가 앤 라모트는 『글쓰기 수업 Bird by Bird』에서 글을 쓸 때 부딪히는 도전에 대해 이렇게 말했다.

"하나의 작품을 완성하는 데 중요한 것은 정말 엉망진창인 초안을 써보도록 스스로에게 허락하는 것이에요. 정말 엉망인 초안을 쓰면 두 번째 안은 더 좋아지고 세 번째는 더 훌륭한 작품이 나올 확률이 높아지죠. 다 쓰고 나서야 자기가 무엇을 쓴 건지 깨닫는 작가들이 대부분이에요. 도대체 어떤 주제에 대해 쓰고 싶은지, 어떻게 이야기를 펼쳐나갈지 몰라도 일단 자리를 잡고 앉아 단어들을 짜내는 게 중요해요. 그래야 스토리 전개 방향을 비로소 잡게 됩니다."

바로 이런 태도가 '빠르게 실패하기 Fail Fast'의 핵심이다. 직접 해보지 않는 이상 일의 본질이 무엇인지, 일을 하면서 어떤 기분이 들지, 그 결과가 어떻게 될지는 모르는 일이다.

빨리 배우기 위해 빨리 실패하기
Fail Fast to Learn Fast

청중 : 루이스씨, 실은 제가 3개월 전에 뉴욕 시에서 스탠드업 코미디를 시작했거든요. 혹시 제게 해주실 조언이 없나요? 루이스씨가 시작 단계에서 알았던 것들, 예를 들어 뉴욕 시의 공연장에서는 어떻게 해야 더 잘할 수 있나, 뭐 그런 거요. 물론 많이 겪어봐야 한다는 건 알지만 제가 워낙 루이스 씨를 존경하거든요. 어떤 조언이라도 도움이 될 것 같습니다.

루이스 : 제가 도울 건 전혀 없는것 같군요.

좋은 공연을 하는 유일한 길은 나쁜 공연을 많이 해보는 것 뿐이라서요. 공연을 많이 하면서 힘든 시간을 보내세요. 그러고도 포기하지 않으면 차차 나아집니다.

- 루이스CK, 에미상 수상 코미디언

앞서 살펴본 크리스 락, 하워드 슐츠, 에드 캣멀과 같은 혁신가들의 공통점은 요령을 터득해 앞으로 전진하고 많은 교훈을 얻기까지 기꺼이 실패에 실패를 거듭한다는 점이다. 성공하는 이들은 어떤 것이든 배우고 이것을 터득하는 최선의 방법이 가능한 빨리 실패하는 것이라는 사실을 분명히 알고 있다. 목표를 이루기 전을 생각해 보라. 수많은 실패와 엉망인 사고, 잘못된 출발점, 물거품이 된 노력들로 가득 차 있다. 성공하는 사람들은 빠르게 실패하는 것을 두려워하지 않는다. 최대한 빨리 실패를 없애버릴 수 있는 가장 좋은 방법이기 때문이다.

실수를 피하기 위해 공부하고 준비하며 질질 끄는 대신에 이들은 즉시 행동한다. 자신들의 노력이 완벽에는 한참 미치지 못하거나 경쟁력이 전혀 없어도 말이다. 성공은 대개 위태로운 상황과 어설픈 노력으로부터 시작된다. 그러니 성공을 거두고 싶다면 먼저, 그 일을 얼마나 망치게 될지 생각해 보라.

어떤 일을 꿈꾸고 있다면 빠르게 실패하기 태도를 주의 깊게
살펴보기 바란다. 실패를 피해야 할 것으로 치부할 필요가 없다.
대신 가능한 한 무언가를 빨리 망쳐볼 전략을 세워야 그 결과로부
터 배울 수 있다. 어려운가? 그렇다면 필자 중 한 명인 라이언의
실제 사례를 살펴보자.

라이언은 고등학생 시절, 우연히 어떤 체스 모임에 대해 알게
됐다. 이 모임은 매월 동네 커피숍에서 체스 토너먼트 경기를 열
었는데 체스에 관심이 많았던 라이언은 모임에 가 보기로 했다.
12개의 체스 판이 놓여 있었고 30명쯤 되는 선수들이 테이블 이
쪽저쪽으로 옮겨 다니는 식으로 경기가 진행되고 있었다. 사람들
은 게임을 즐기는 것 같아 보였다. 게임에 집중하면서도 농담을
하거나 수다를 떠는 사람들이 많았다. 라이언의 눈에는 모든 것
이 흥미로웠다.

라이언은 체스를 두는 방법은 알지만 실제 경험은 없었다. 그
렇다보니 당장 테이블에 앉아보고 싶었지만 망신 당할지도 모른

다는 생각이 앞섰다. 더구나 대부분의 사람이 라이언보다 나이가 많았다. 라이언은 먼저 연습을 하고 와야겠다고 마음먹었다.

먼저, 온라인 체스 게임 프로그램을 구했다. 그리고 매일 밤마다 컴퓨터와 게임을 했다. 프로그램은 난이도를 조절할 수 있게 돼 있었는데 1은 초보자, 10은 달인 수준이었다. 처음 몇 게임 동안은 컴퓨터가 빈번이 이겼다. 초보자 수준에 맞췄는데도 말이다. 라이언은 그날 체스를 두지 않고 돌아오기 잘했다고 생각했다. 정말 망신당할 것 같은 실력이니 말이다. 두 달쯤 연습하자, 레벨 5에서도 한 번쯤은 컴퓨터를 이길 수 있게 되었다.

'그래, 이 정도면 게임에 참가해도 될 수준이겠어!'

라이언은 실력을 뽐내고 싶어 안달이 났다. 물론 최고수준은 아니지만 토너먼트 중간까지 올라가 멋진 한수를 보여줄 수 있다고 내심 기대했다. 그리고 긴장된 마음으로 테이블에 앉았다. 동작은 느린 편이었지만 라이언은 결국 성공했다. 첫 게임에 이긴 것이다. 한층 자신감이 생긴 그는 다른 시합을 위해 자리를 옮겼다. 그런데 여기서 예상 밖 난관에 부딪혔다. 컴퓨터 프로그램과 달리, 상대 선수가 전혀 모르는 수를 두기 시작했다. 상대는 옆 친구와 수다를 떨 정도로 여유로웠다. 하지만 라이언은 한 수 한 수를 둘 때마다 피가 마를 지경이었다. 상대는 체스판을 제대로 쳐다보지도 않고 단번에 척척 내려놓기까지 했다. 결국 상대의 수에 말려 금세 패하고 만 라이언은 슬금슬금 자리를 빠져나와 집으로 돌아와 버렸다.

'그래, 처음부터 체스를 그렇게 좋아하지도 않았는걸!' 라이언은 마음을 다독였다. 그 후, 몇 번 더 체스 게임을 보러 갔지만 다시는 참여할 용기가 생기지 않았다.

라이언의 이 경험을 빠르게 실패하기에 비춰 한번 생각해 보자. 그는 처음부터 멍청이로 보일까 봐 노심초사했다. 다른 선수들이 모두 그보다 나이가 많았기 때문에 특히 더 했다. 그는 초보자가 아닌 전문가처럼 보이길 바랐던 것이다. 그래서 다른 선수들과 체스 게임을 하는 대신, 혼자 연습하기로 마음먹었다. 그렇게 제한하고 컴퓨터와 게임을 했다. 다른 선수들과 게임을 하며 얻을 수 있는 경험을 포기한 것이다.

처음부터 그가 '최대한 많이 게임에 참여해 봐야겠다', 라거나 '되는 대로 많이 져봐야지'라고 마음먹었다면 어땠을까? 이런 마음이라면 상대가 친구든, 처음 보는 사람이든, 체스 동호회 회원이든 상관없이 게임의 기회를 가졌을 것이다. 다른 사람들과 체스를 두면서 수백 번도 넘게 져봤다면 분명 그 자체로 값진 경험이 될 수 있었다. 새로운 사람들을 만나는 즐거움도 있고 다양한 체스 게임 방식을 접할 수 있었을 것이다. 노련한 선수들에게 위협을 느끼기보다 그들을 훌륭한 선생님으로 대하면 그만이었다. "지금 자네가 쓰는 온라인 게임은 여러모로 한계가 있으니 다른 걸로 배워보면 어떻겠나"라고 충고해 주었을는지 모른다. 또는 지는 데 익숙해질 수도 있었다. 체스가 지능이나 능력에 대한 의미가 아니라고 여겼다면, 게임에서 지는 걸 창피한 일이 아니라 그저 게임의 일부분임을 인정했다면, 지금쯤 하루의 피로를 풀어주는 취미가 체스가 되었을지 모른다.

빠르게 실패하기를 더 쉽게 이해하기 위해 아래의 예시를 살펴보자.

• **훌륭한 뮤지션이 되고 싶다면,**
  먼저 엉망인 음악을 수없이 연주해 봐야 한다.

• **언제나 탁월한 결정을 내리는 비즈니스맨이 되고 싶다면,**
  먼저 진부한 결정을 내리는 일정 시간을 보내야 한다.

• **소설을 한 권 쓰고 싶다면,**
  먼저 하찮은 이야기들을 써 봐야 한다.

• **중국어를 유창하게 하려면,**
  먼저 형편없는 중국어를 많이 해야 한다.

- **진정한 예술가가 되고 싶으면,**

  먼저 어설픈 예술을 창조해 봐야 한다.

- **에너지 효율이 좋고 미니멀한 디자인으로 최고의**

  상업 건축가가 되려면,

  먼저 비효율적이고 거추장스러운 건축물을 디자인해 봐야 한다.

- **재능 있고 용감한 암벽 등반가가 되려면,**

  먼저 소심하고 서툰 암벽 등반가가 되어야 한다.

- **수학을 아주 잘해서 어려운 분석 문제를 척척 풀고 싶다면,**

  먼저 간단한 수학 문제와 씨름해야 한다.

- **훌륭한 테니스 선수가 되려면,**

  우선 수많은 경기에서 패배하는 경험을 쌓아야 한다.

뭔가를 배울 수 있는 실수들은 가능하면 일찍 저질러 보는 것이 이득이다.

- 윈스턴 처칠, 영국 정치가

당당한 초보자
Be a Beginner, Not an Expert

생각해 보라. 실수를 한다고 죽지는 않는다. 틀린 말을 하거나 어설픈 아이디어를 따라 한다고 해도 마찬가지다. 오히려 실패를 피하려는 삶이 당신을 구속한다. 새로운 경험과 성장에 대한 기회를 차단해 버리기 때문이다. 실패에 대한 두려움에는 잔인한 아이러니가 있다. 실패를 피하려는 것이 오히려 실패의 확실한 원인이 된다는 점이다. 실패에 대한 두려움은 다양한 모습으로 변장해 나타난다. 게으름, 남의 성공에 대한 질투, 주의력 결핍, 우유부단함, 의심 등이다.

사람들은 자신의 능력이나 재능이 의심되면 잘하는 것만 하려는 경향을 보인다. 능력을 인정받기 위해서다. 자신의 전문성이나 능력에 의구심을 던질만한 행동은 절대 하지 않는다. 시도하기 전에 '내가 정말 잘할 수 있는 일인가? 내가 똑똑하고 능력 있으며 성공할 만하다는 걸 만방에 알릴 수 있을까?'라고 자신에게 물어보는 것이다.

만약 지능이나 재능 또는 가치를 측정하기 위해서만 일을 한다면 지나치게 가혹한 태도가 당신을 제한할 것이다. 행동 하나하나를 자신이 능력자인지 아닌지 가늠하는 기준으로 선택하기 때문이다. 하지만 초보자의 마음으로 임하면 선택 가능한 행동은 무궁무진하게 많다. 새로운 것을 배우거나 친구를 사귈 수도 있고 자신이 몰랐던 호기심을 발견할 수도 있다. 아니면 그저 순간의 기쁨을 만끽하는 그 자체도 의미 있다. 지금 뭔가 새로운 일에 도전한다면 일단 즐기고 그 결과를 지켜보라. 결국 배울 가치가 있는 긍정적인 결과가 기다릴 것이다.

빨리 실패하기Fail Fast 접근 방식에 대한 일반적인 경험 법칙은 언제나 '테이블에 더 많은 옵션을 남겨두는 방식'으로 행동해야 한다. 당신은 삶에 놀라운 일이 벌어지고 행운이 활짝 열려 있기를 바랄 것이다. 호기심 많은 초보자가 되는 것을 두려워 하지 않음으로써 배우고 성장할 수 있는 최적의 마음 상태와 예상치 못한 기회와 경험을 만끽할 수 있다.

이처럼 경쟁력보다는 배움에 초점을 두는 것의 이점이 심리학자 캐롤 드웩의 연구 결과에 명백히 드러난다. 그녀의 연구를 살펴보자.

캐롤 드웩은 초등학교 5학년 400명에게 쉬운 문항으로 구성된 시험을 풀도록 했다. 그 다음 학생들을 두 개 조로 나눴다. 첫 번째 조의 학생들은 그들의 지능에 대한 칭찬을 들었다.

예를 들어 "어머나, 거의 다 맞췄구나. 정말 머리가 좋은가 보네"와 같은 칭찬이다.

두 번째 조는 그들의 노력에 대한 칭찬을 들었다. "잘했구나,

정말 열심히 노력했나 봐" 등이었다.

칭찬을 마친 후 그녀는 두 번째 실험으로서 새로운 시험지를 학생들에게 내놓았다. 그리고 두 개의 시험지 중 하나를 선택해 풀 수 있다고 설명했다. 하나는 어려운 문제로 이뤄진 시험지였다. 다른 시험지는 앞서 풀었던 시험과 비슷한 수준의 문제로 구성되어 있었다. 그녀는 어려운 문제가 담긴 시험지를 선택하면 더 많은 것을 배울 수 있다고 설명했다. 그리고 아이들이 어떤 문제지를 선택하는지 지켜봤다.

결과는 이랬다. 지능에 대한 칭찬을 들은 학생 대부분은 쉬운 시험지를, 노력에 대한 칭찬을 들은 학생 90%는 더 어려운 시험지를 선택했다.

세 번째 실험으로 드웩은 학생 모두에게 어려운 문항의 또 다른 문제를 풀게 했다. 심지어 두 학년 정도 앞선 수준의 문제들도 있을 정도였다. 결국 거의 모든 학생들이 시험을 망쳤다. 그녀는 학생들에게 결과를 들려줬다. 그러자 노력에 대한 칭찬을 들은 학생들은 결과에 긍정적으로 대처하는 모습을 보였다. 게다가 이들의 시험점수는 다른 조의 학생들보다 높기까지 했다. 문제를 푸는 게 흥미로웠으며 시험지를 집에 가져가서 공부하고 싶다고 말하는 학생도 있었다. 드웩은 '노력에 대해 칭찬받은 학생들은 좌절 속에서도 지적인 자긍심을 유지할 수 있었다'고 요약했다.

이와 대조적으로 지능에 대한 칭찬을 들은 학생들은 성적이 더 낮았을 뿐 아니라, 시험지를 받아 집에서 연습하고 싶어 하지 않았다. 드웩은 "지능에 대한 칭찬을 받은 학생들은 처음엔 자신감이 상승했어요. 하지만 어려움 앞에서 자신들의 이미지가 흔들리기 시작한 거죠."라고 말했다.

이렇게 고의적으로 학생들에게 실패를 맛보게 한 후, 마지막 실험을 이어갔다. 처음과 동일한 쉬운 난이도로 만들어진 시험지를 풀게 한 것이다. 그러자 노력에 대한 칭찬을 받은 학생들은 감정을 쉽게 회복해 첫 번째 단계에서 풀었던 시험보다 30% 더 높은 점수를 받았다. 하지만 지능에 대한 칭찬을 들은 학생들은 어려운 시험에 실패한 충격을 쉽게 이겨내지 못했다. 아이들은 앞서 풀었던 쉬운 시험 때보다 20%가량 낮은 점수를 받았다. 난이도가 같은 문제였는데도 말이다.

드웩은 이렇게 말했다.

"노력에 대한 칭찬이 변수를 마련한 셈이지요. 동시에 실패에 대한 훌륭한 대처법도 깨닫게 되었고요."

드웩의 연구가 주는 교훈은 이것이다. 당신의 주된 관심사가 당신이 얼마나 똑똑하고 유능한지 증명하는 것에 있다면 스스로의 경쟁력에 위협이 될 만한 행동은 꺼리게 된다. 또 새로운 일에 도전해도 그 실적은 저조할 가능성이 높다. 하지만 도전을 배움과 성장의 기회로 삼는다면 얘기는 달라진다. 일을 하는 동안 그 자체를 즐기고 경험으로부터 많은 것을 배우려고 든다.

결국, 확신이 없는 것을 시도할 때 초보자의 마음가짐으로 활동에 접근한다면 상황을 유연하게 받아들이며 앞으로 나아가게 만든다.

실패하면 실망할지 모른다.
그러나 시도하지 않는 것은 불행한 삶이다.

– 비버리 실즈, 성악가

그냥 시도 하라
Try Things Like a Beginner

- 자신을 배움에 대한 열정으로 가득한 초보자로 여겨라.

- 항상 호기심을 갖고 즐겁게 행동하라.

- 실적이 아닌 배움에 초점을 맞춰라.

- 실수를 당연하게 여겨라.

- 다른 사람들을 선생님으로 보고 도움을 요청하라.

- 자신이 모르던 것을 발견하려 애써라.

- 전문가처럼 보이려고 하지 말고 모르는 것을 발견하려고
  노력하라.

우주 최악의 강사
The Worst Lecturer in the Universe

'초보자처럼 행동하기'와 '실패하며 전진하기'에 대한 훌륭한 예를 대학 강사인 헬렌의 일화를 통해 살펴보자.

헬렌이 임상심리학 대학원생이었을 때의 일이다. 당시 그녀는 심리학 입문 강의를 맡아보지 않겠냐는 뜻밖의 제의를 받았다. 많은 학생들 앞에서 강의를 한다고 생각만 해도 두려움이 엄습했다. 하지만 가르치는 일을 늘 원했던 터라 제안을 수락했다. 얼마 후 그녀는 강단에 섰다. 그러나 결과는 참담했다. 짧은 시간 내에 강의를 준비하다 보니 쉽게 알아볼 수 있는 프레젠테이션 자료를 만들거나 시간에 맞춰 강의하는 연습을 할 시간이 없었다.

그 이후로도 그녀의 수업은 뒤죽박죽되기 일쑤였고 시간도 매번 초과했다. 한 학기 내내 같은 실수가 이어졌다. 헬렌은 똑똑하고 세심한 성격이었지만 목소리도 작고 많은 사람들 앞에 나서는데 익숙하지 않았다. 게다가 긴장할 때마다 킥킥대는 버릇이 있었다. 물론 그녀를 잘 안다면 귀엽게 보일수도 있지만 강의중 이 뜬금없는 행동은 문제가 될 때가 많았다. 그녀는 특히 괴로웠던 강의로 프레젠테이션 자료 일부가 빠져있던 날을 꼽았다. 머릿속이 하얗게 돼 버린 그녀는 남은 30분 동안 도대체 무슨 말을 해야 될지 몰라 쩔쩔맸다. 상당수 학생들은 지겨운 나머지 책을 주섬 주섬 챙겨 교실 밖으로 나가버렸다.

학기말 헬렌은 5점 만점의 수업평가에서 1점을 받았다. 그 대학의 다른 어떤 강사들보다 낮은 점수였다. 심지어 한 학생은 그녀를 우주 최악의 강사로 평가했다.

첫 번째 강의에서 이런 트라우마를 겪으면 앞으로 다시는 강의를 하지 말아야겠다고 생각하기 십상이다. 그러나 헬렌은 강의를 그만둘 핑계로 삼는 대신 오히려 발전할 기회로 여겼다. "처음 그렇게 끔찍했던 강의에서 가장 좋은 건 앞으로 그보다 더 나빠질 것이 없다는 거죠."

얼마 지나지 않아 그녀는 여름 계절학기 수업을 맡게 되었는데 이번에는 강의 준비 시간이 넉넉했다. 우선 학생들의 흥미를 끌기 위해 재밌는 이야기나 비디오, 만화 등을 활용하기로 했다. 더불어 수업의 흐름을 원활하고 유연하게 만들기 위해 강의 중간중간 다양한 토론 시간을 마련했다. 학생들의 열의와 관심을 이끌어내는 재미있는 조 활동도 여러 개 계획했다. 이렇게 준비한 그녀의 두 번째 강의는 큰 성공은 아니었어도 월등히 나아질 준비가 돼 있었다.

이제 10년차 강의 경력을 가진 헬렌은 일단 흥미로워 보이는 어떤 강의라도 기꺼이 맡았다. 강사들은 해마다 맡던 강의만을 고수하는 경향이 있다. 하지만 헬렌은 달랐다. 훌륭하게 할 수 있는 강의가 아닐 경우, 그만큼 강의를 섭렵해가는 과정으로 받아들였다.

최근 헬렌의 모든 강의는 수강 대기 명단에 오른 학생 수만으로 클래스를 만들 수 있을 정도다. 학생들은 헬렌을 대학 최고의 교수 중 한 명으로 평가한다. 하지만 강의 초에 경험했던 큰 실수 덕분에 그녀는 이런 평가를 당연하게 여기지 않는다. 그녀는 교수로 일하는 큰 즐거움 중 하나가 가르치는 기술을 습득하려고 애쓰는 데 있다고 믿는다. 그것이 평생의 과업이라고 말했다.

"내가 가르치는 일을 그만두는 날은 수업을 더 잘할 수 있는 방법이 없어지는 날이 될 것이에요."라고.

실패의 재정의
Redefining Failure

일이 원했던 대로 되지 않을 때, 당신은 실패라는 단어를 재정의함으로 느끼는 방식을 바꿀 수 있다. 이제 당신이 지금까지 알고 있던 실패에 대한 정의를 다시 재정립해 보자. 다음은 몇 가지 예다.

실패 = 계획에서 벗어날 수 있음을 인정하는 것

실패 = 더 배워야 할 필요성을 느끼는 것

실패 = 제품을 테스트하는 것

실패 = 어떤 부분에서 도움이 필요한지 찾아내는 것

실패 = 탐험하는 것

실패 = 잘못 알고 있었음을 깨닫는 것

실패 = 실험하는 것

실패 = 어떻게 더 노력할지 아는 것

실패 = 그게 최선의 방법이 아니었음을 배우는 것

실패 = 시장에 대한 리서치를 좀 더 해보는 것

실패 = 프로토타이핑* Prototyping을 하는 것

> * 시스템의 초기 모델을 세우고 반복적으로 다듬는 과정, 개발 초기에 시 모델을 만들어 시험과 개선을 반복해 최종판을 내놓는 것

실패는 정의하기 나름이다
Failure Is What You Make of It

이제 당신은 이렇게 반문할지 모른다.

"말은 그럴 듯 하네요. 하지만 다른 관점으로 생각해본다고 해도 실패하는 건 어쨌든 유쾌하지 않잖아요?"

물론 맞다. 아무리 긍정적인 마인드를 가진다 해도 계획대로 일이 풀리지 않으면 괴롭다. 입학 허가를 받지 못했거나, 원하던 직장에 입사하지 못했거나, 갤러리에 작품 출품을 하지 못했거나 했다면 말이다.

사업에 실패했거나, 생각보다 자신이 능력이 없다는 사실을 깨달을 때도 마찬가지다. 실망하는 게 당연하다. 스스로의 지능과 능력, 사고를 의심하게 될지도 모른다. 하지만 점차 사라질 순간의 고통이니 그래도 괜찮다. 실패에 대한 두려움에 비하면 그쯤은 별거 아닐지도 모른다. 실패에 대한 두려움이야말로 당신의 활력을 좀먹는다. 그것은 인생을 즐거움과 의미로 채울 수 있는 모든 행동에 훼방을 놓는다.

실패에 수반되는 불쾌한 감정들을 받아들이기 힘들 거라 보는가? 그렇다면 그 반대의 인생, 다람쥐 쳇바퀴 도는 듯한 인생에 대해 한번 생각해 보는 건 어떤가?

꽉 막힌 삶을 고려한다면 실패의 불쾌함을 받아들이는 데 도움이 될 수 있다.

- **언제나 이미 알고 있는 것만 한다.**

  = 새로운 변화를 절대 경험하지 않는다.

- **자신 있는 일만 한다.**

  = 가려져 있던 재능이나 흥미를 발견하지 못해도 상관없다.

- **자신이 세운 가정이 흔들리거나 잘못되었음을 입증할 행동은 절대 하지 않는다.**

  = 당신의 제한적인 신념을 결코 초월하지 않는다.

- **자신이 전문가처럼 인정받을 일에만 발을 들인다.**

  = 다른 사람들로부터 도움을 받거나 배움을 통한 즐거움의 경험을 놓쳐도 상관없다.

- **일이 계획대로 풀리지 않으면 포기하거나 다른 방향으로 우회한다.**

  = 스스로에게 어떤 일에 대해 인내심을 가질 기회를 주지 않는다.

그로부터 많은 것을 배우고 능력을 키우며 더 큰 성공으로 발돋움할 수 있는데도 말이다.

실수를 하며 보낸 인생은 아무것도 하지 않고 보낸 인생보다
훨씬 존경받을 수 있을 뿐 아니라 유용한 삶이기도 합니다.

- 조지 버나드 쇼, 아일랜드 극작가 및 런던 경제학부 공동 설립자

중요한 일에 실패했다고 가정해 보자. 당신이 할 수 있는 일은 무엇일까?

첫째, 자신은 최선을 다했으며 일이 뜻대로 되지 않았음을 인정한다. 열정과 잠재력 향상으로 충만한 삶을 원하는가? 그렇다면 실패에서 오는 불편함도 그 일부임을 깨달아야 한다. 실패에 대한 실망감을 수용하고 여기서 벗어나서 더 멀리 가야 한다.

둘째, 실패한 경험으로부터 배운다. 긍정적인 행보로 그 다음 걸음을 내딛을 수 있게 말이다. 만약 잘못된 아이디어나 가정에 따라 행동했다면 올바른 아이디어로 옮겨가면 된다. 이를 수행할 수 있는 몇 가지 방법을 고려해 보자.

• 잘못된 생각이나 잘못된 가정에 근거해 조치를 취했다.

더 나은 아이디어로 빠르게 바꿀 수 있다.

자신의 이해나 지식의 결함을 발견하고 이를 개선하기 위한 조치를 취할 수 있다.

어떤 사고 과정이 잘못된 아이디어나 가정의 원인이었는지를 깨닫고 앞으로 더 나은 행동을 취할 발판으로 삼는다.

- **당신은 무언가를 시도했다.**

아마도 그것에 전념했을 것이다. 그러나 당신은 그것에 그다지 능숙하지 않다는 것을 발견했다.

결국 자신이 그 일에 재능이 없음을 깨달으면 자신의 주된 장점과 적성이 다른 데 있음을 인정하고 다른 옵션을 선택하면 된다.

진정으로 탁월해지고 싶다면 더 열심히 일해야 한다는 것을 알 수 있다. 당신은 무언가를 시도했으며 그것을 별로 좋아하지 않는다는 것을 발견한다.

당신의 에너지와 관심이 더 큰 성취감을 주는 활동에 집중될 수 있음을 인식한다.

실패하며 전진하기
Failing Forward

실패에 대한 두려움을 적극 이용해 보자.

두려움을 행동에 적용해 새로운 가능성을 모색하는 방법이다.

1. 두려움의 본질을 파악한다

늘 해보고 싶었지만 실패가 두려워 망설였던 일을 찾아보라.

예) '항상 전문 사진작가가 되어 보고 싶었어. 하지만 성공할 정도로 재능과 실력이 없으면 어떡하지?'

2. 사고를 전환해 본다

최대한 빨리 실패할 수 있는 방법은 무엇인지 생각해 보라.

예) '엉망인 사진이라도 잔뜩 찍어서 사람들에게 선보일 기회를 찾아봐야겠어. 다음날에 있는 사촌 결혼식은 어떨까?'

3. 먼저 시도해 본다

직접 현장에 뛰어들어 시도해 보라. 실수 속에서도 그 일을 즐기라.

주변인들에게 도움을 요청하고 피드백을 구하라.

예) '결혼식 사진을 찍으면서 사람들에게 내가 초보 사진작가라는 걸 알려야겠어. 그래서 의견을 물어보고 조언도 구해야지.'

4. 실패하며 전진하기

앞에서 시도한 자신의 도전적인 행동을 통해 배울 점을 발견한다.

예) '결혼식 사진을 찍는 동안 가장 즐거웠던 점은 뭐였지? 사람들이 어떤 사진을 좋아하고 싫어했더라? 지금 내 장점은 무엇이고 어떤 점을 더 노력해야 할까?'

5. 다음 도전 과제를 찾는다

실행 가능한 범위 내에서 다음 목표를 찾아본다.

예) '다음에는 일의 대가를 받는 결혼식 사진 작업을 제안해 봐야겠어.'

What is the essence of success?

Chapter 3

성공의 본질은
무엇인가?

대부분의 사람은 대범할 정도의
큰 성공을 목표로 삼는다.
이루기 어렵지만 성공하면 모든 것이 해결되는
절대비법 전략으로 말이다.
그리고 그 커다란 성공에는 실천해야 할
수많은 미션들이 존재한다.
가장 확실한 성공이 커다란
목표 설정이라는 개념이다.

그러나 모든 과제를 수행하기 전
멈춰버릴 가능성이 얼마나
높은지 알게 되면
벽에 붙여둔 계획서를 뜯게 될지 모른다.

시작하라.
다시 또 시작하라.
모든 것을 한 입씩 물어뜯어 보라.
가끔 도보 여행을 떠나라.
자신에게 휘파람 부는 법을 가르치라.
나이를 먹을수록 사람들은 당신의 이야기를 듣고 싶어 할 것이다.
그 이야기를 만들라.
돌들에게도 말을 걸고
달빛 아래 바다에서 헤엄도 쳐라.

죽는 법을 배워두라.
빗속을 나체로 달려보라.
일어나야 할 모든 일은 일어날 것이고
그 일들로부터 우리를 보호해 줄 것은 아무것도 없다.
흐르는 물 위에 가만히 누워 있어 보라.
그리고 아침에 빵 대신 시를 먹으라.
완벽주의자가 되려 하지 말고
경험주의자가 되라.

- 엘렌코트, 『초보자들을 위한 조언』

사람을 구하는 것은 한 걸음 내딛는 것이다.
그 다음에 한 걸음 더.
그것은 항상 같은 단계지만 당신은 꼭 그렇게 해야만 한다.

- 앙투안 드 생텍쥐페리, 프랑스 비행사 및 『어린왕자』 작가

큰 생각은 자유다.
하지만 성공을 위해 행동은 작게 하라
Think Big, Act Small

> 중요한 것은 어떤 일을 시작하고 변화를 만드는 것이다.
> 원대한 성취를 하겠다고 애쓸 필요도 없다. 작고 쉬운 행동일수록 더 좋다.

우리가 도울 수 있던 사람들이 많은 일을 성취하는 것을 보면서 뿌듯함을 감출 수 없었다. 근사한 책을 출간하거나 미술 작품을 만들고 창의적인 사업을 시작하는 이도 있었다. 심각한 사회 문제에 관여하는 단체를 설립하거나 연구 재단을 만든 사람도 있었다. 새로운 도전을 향한 시작을 꿈꾸며 세상을 긍정적으로 바꿔 가는 사람들의 열정은 그야말로 멋져 보였다.

이쯤에서 여러분에게 분명히 권하고 싶다. 사고를 크게 하라고 말이다. 생각에 불필요한 제한을 둘 필요가 없다. 자신의 가능성을 제한하면서 성취 가능한 일들을 내던질 필요는 없다.

반면 '행동은 작게 할 것'을 권한다. 이루고 싶은 온갖 거창한 일들을 정의하고 살을 붙이는 데 애쓰기보다는, 현실적인 눈으로 바라볼 것을 당부한다. 지금 당장 실천 가능한 일이 무엇인지 우선 살펴라!

물론 야망을 갖고 계획을 세우는 것도 중요하다. 하지만 필자들의 경험상, 성공은 서로 연관 없어 보이는 일련의 작은 행동들로부터 시작되는 경우가 많았다. 세심하게 잘 짜인 계획보다는 말이다. 이 장에서는 '작은 성공, 적은 비용으로 긍정적인 결과를 불러오는 행동'의 활용법을 소개하고자 한다. 즉각적인 보상을 얻고 즐거움을 느끼며 우연이 가져다주는 기회를 극대화하는 방법이다.

멋진 목표는 언제나 좋은 것인가?
Bigger Isn't Always Better

어렸을 때부터 우리는 큰 성공을 격려 받는다. 달리기에서 일등을 하고 과학경진대회에서 메달을 따며 최고의 시험 점수를 받으라고 말이다. 어려서부터 받아 온 성공에 대한 격려는 교육의 핵심이 된 듯하다. 그렇게 자란 우리는 어른이 돼서도 어떤 일이든 최고 수준에 도달해야 한다고 믿는다. 상당한 시간과 자원을 쏟아 부으며 평균을 웃도는 성공을 기대한다.

그러나 알고 있는가?

불행하게도 큰 성공만 노리는 태도가 오히려 성공을 방해하는 원인이 된다는 사실을 말이다. 예를 들어 보자.

앨런은 35세의 소프트웨어 엔지니어다. 매일 오랜 시간 컴퓨터를 들여다보며 일하고 책상에 앉은 채로 패스트푸드를 먹는 게 습관이었다. 그러다보니 지난 8년간 서서히 체중이 증가하기 시작했다. 때때로 '더 건강하게 먹고 운동도 좀 해야 하는데'라는 생각을 하지만 '나중에 바쁘지 않을 때 해야지'라고 미루기 십상이었다.

어느 날 앨런은 소프트웨어 개발 컨퍼런스에서 받은 파란 티셔츠를 입고 쇼핑몰에 갔다. 백화점에 들어가서 바지를 둘러보고 있는데 자신의 것과 똑같은 티셔츠를 입고 쇼핑하는 어떤 배 나온 남자가 눈에 들어왔다. 앨런은 그 남자가 전시장 유리에 비친 자신임을 곧 깨달았다. 자신의 배가 그렇게 어마어마하게 나오다니, 정말 충격이었다. 적어도 13kg 정도 체중이 증가한 탓이었다.

자신의 거대한 실루엣을 응시하며 이제야말로 체중 관리를 해야 될 때란 걸 절실히 느꼈다. 그리고 보통의 사람들이 선택하는 행동을 시작했다. 큰 변화를 목표로 삼은 것이다. '1년 안에 13kg을 감량하고 추가로 첫 마라톤도 완주해야지'라는 야심찬 목표였다.

본격적인 체중관리 계획을 세우니 한결 힘이 솟았다. 앨런은 내친김에 바로 시작하기로 마음먹었다. 회사에 직원 전용 피트니스센터가 있지만 시설이 마음에 들지 않아서 인근 헬스클럽을 살펴보기로 했다. 사람들의 후기를 읽어보고 시설에 대해 직접 평가하며 자신에게 적격인 헬스클럽을 찾았다. 결연한 의지를 굳게 지키려는 다짐으로 3년 멤버십에도 등록했다. 멋진 운동복과 운동화를 새로 사고 운동계획도 세웠다. '매주 세 번은 고강도 근육 운동을 하고 세 번은 달리기 연습을 해야지. 나머지 하루를 쉬면되잖아?'

첫 헬스클럽 방문 날, 앨런은 하루 종일 일한 탓에 매우 피곤한 상태였다. 하지만 계획대로 한 시간 동안 운동을 했다. 그 다음 날은 첫 달리기 연습 날이었다. 전날의 격렬한 운동 때문에 몸이 쑤셨다. 30분 정도 뛰고 나니 숨이 턱에 차는 느낌이다. 그래도 3km를 걷고 달리는 데 성공했다.

그렇게 주말이 되자 앨런은 몹시 피곤했다. 몸 여기저기 아프지 않은 구석이 없었다. 이런 와중에 그를 더 힘들게 한 것은 체중이 더 증가했다는 점이다. 체중을 재보니, 1kg이나 증가한 게 아닌가! 정말 맥 빠지는 일이었다. 그러는 동안 직장에서는 까다로운 새 프로젝트가 시작됐다. 앨런은 잠시 운동을 중단하고 몸이 회복할 시간을 줘야겠다고 생각했다. 그렇게 1~2주가 지나고 어느새 5주가 되었다. 그사이 새로 시작된 프로젝트 업무는 절정을 향했고 눈코 뜰 새 없이 바쁜 날이 계속됐다. 앨런은 헬스클럽에 등록한 사실조차 까맣게 잊어 버렸다. 2년 후, 그는 헬스클럽 회원권을 취소하기로 결정했다.

앨런의 운동계획은 어디서부터 잘못된 걸까?

목표는 매우 당찼다. 연말까지 13kg을 빼고 마라톤을 완주하겠다는 결심은 결연했다. 그러나 앨런은 운동을 제대로 시작도 못하고 그만두게 되었다. 간단한 이 사례로 큰 성공을 노리는 목표 지향적 문제점을 생각해 볼 수 있다. 비단 운동뿐만 아니라 대부분의 사람은 목표로 둔 성공의 크기가 매우 크다. 그 커다란 성공에는 실천해야할 수많은 미션들이 존재한다. 하지만 모든 과제를 수행하기 전, 중도에 멈춰버릴 가능성은 그만큼 크다. 정작 현실적인 변화를 일으킬 수 있는 작은 행동마저 포기하게 만드는 결과를 초래하기 때문이다.

고통 없이는 대가도 없다? 틀렸다!
No Pain, No Gain? Wrong!

체중 관리에 대한 앨런의 태도는 사람들이 흔히 세우는 가설을 역력히 보여준다. 긍정적인 변화를 얻기 위한 가장 좋은 방법이, 어려운 목표를 추구해야한다는 것이다. '고통 없이는 대가도 없다'는 이 개념은 비즈니스 리더십 책들에 자주 등장한다.

예를 들어 상사라면 부하직원에게 도전적 목표를 심어줘야 하고 목표는 그야말로 현실의 판도를 바꾸는, '이루기 어렵지만 모든 것을 바꿔놓는 목표를 갖게 하는 것' 등이다. 같은 맥락에서 기업 연구가인 짐 콜린스가 유행시킨 BHAGs^{Big, Hairy, Audacious Goals /} _{크고 흥미롭고 대담한}를 신봉하는 CEO들도 여전히 많다. 이런 야심찬 계획의 목표는 틀에서 벗어난 사고를 만들어 한 차원 높은 생산성을 끌어올린다는 데 있다.

반면, 스탠퍼드대의 밥 서튼은 그의 저서 『굿 보스, 배드 보스 _{Good Boss, Bad Boss}』에서 도전적 목표의 개념이 남용되고 있을 뿐 아니라, 오히려 비생산적이라고 주장했다. 그 근거로 많은 사람이 큰 문제 앞에서 움츠러들고 얼어붙는다는 이유를 들었다. 앞서 소개한 하버드 비즈니스 스쿨의 테레사 아마빌레 교수도 비슷한 견해를 내놓았다. 그녀는 직장에서 사람들을 창의적으로 만드는 요소에 대해 연구했다. 그리고 그 연구는 회사가 직원들에게 큰 부담감을 주는 환경일수록 직원의 창의력을 떨어뜨린다는 사실을 밝혀냈다.

238명의 직원으로부터 나온 12,000일 동안의 직원 일기를 분석한 결과, 어려운 목표를 달성하려고 애쓰는 직원들은 창의성과 관련 업무에서 가장 낮은 태도를 보였다. 큰 스트레스를 받는 근무 환경에서 깊은 사고를 하거나 새로운 아이디어를 품기 힘들기 때문이었다.

아마빌레의 연구는 일에 대한 동기를 잃지 않으려면 추진력을 발휘할 기회가 자주 있어야 한다는 것을 시사한다. 따라서 그녀는 관리자들에게 도전적인 큰 목표가 직원들의 창의성과 생산성을 끌어올릴 것이라는 잘못된 허상에서 벗어날 것을 당부했다.

큰 성공을 추구하는 것의 또 다른 문제점은 다른 선택은 생각하기 어렵게 만든다는 점이다. 사람들은 주로 자신이 아는 정보를 바탕으로 계획을 세우는 경우가 많다. 당신은 아직 드러나지 않은 무수한 것들을 고려하지 않는다.

앞서 살펴본 앨런의 경우로 다시 돌아가 보자. 그는 고등학교 때 크로스컨트리 종목 선수였고 암벽 등반 모임에 나가기도 했으며 대학 때는 친구들과 그룹을 만들어 학교 헬스센터에서 운동도 했다. 만약 앨런이 목표와 성공에만 집중하지 않았다면 좀 더 재밌고 꾸준히 할 수 있는 운동을 선택했을 것이다. 그가 시간을 내어 탐색했다면 얼티밋 프리스비[1] 팀에 합류, 암벽 등반, 요가와

---

1 7명씩 구성된 두 팀이, 가로 64m, 세로 37m의 필드와 가로 23m, 세로 37m의 엔드존으로 구분된 경기장에서 원반을 던져 주고받으며 득점을 펼치는 경기다. 상대방 엔드존에 원반을 가지고 들어가면 터치다운되어 득점을 하게 된다.

같이 재미있고 지속 가능한 피트니스 프로그램을 찾았을 것이다. 그러나 큰 목표와 결과에 집중한 나머지 선택 가능한 옵션에 대한 생각은 하지 못했다.

『감당할 수 없는 목표: 지나친 목표 선정에 따른 체계적인 부작용』이라는 제목의 하버드대 연구 보고서에 따르면 회사가 큰 목표만을 추구할 때 성과 저해뿐만 아니라 업무의 배움을 더디게 하고 편협한 태도를 조장한다고 밝혔다. 주된 문제는 사람들의 주의를 온통 특정 목표의 달성에만 집중시킨다는 데 있다.

따라서 큰 목표는 인지 공백 attentional blindness, 즉 다른 중요한 요소들을 인식하지 못하는 결과를 낳는다. 이 연구 보고서는 포드 소형차 핀토 Pinto 의 사례에 잘 나타나있다.

1970년, 포드사의 CEO였던 리 아이아코카는 회사의 디자이너들에게 어려운 한 가지 목표를 제시했다. 그는 900kg 이하 무게, 2천 달러가 채 되지 않는 자동차를 만들어 그 해 말까지 판매 가능하게 하라고 지시했다. 직원들은 서둘러 차 뒤쪽에 약 25cm의 빈 공간 밖에 남지 않는 가스탱크를 장착한 차를 만들었다. 이것은 꽤나 위험한 디자인이었는데, 만약 뒤에서 들이받힐 경우 바로 화재로 이어질 수 있기 때문이었다. 그렇게 뻔한 안전 문제라면 핀토가 생산되기 이전에 시정됐어야만 했다. 하지만 관리자들은 오직 목표달성에만 혈안이 되어 이 문제에 신경을 쓰지 않았다. 결국 그렇게 위험천만한 자동차가 탄생됐다. 그 후 「포브스」와 「타임」은 포드사의 핀토를 세계 최악의 자동차 목록에 올리기까지 했다. 핀토는 27건의 화재 사망 사건을 일으켰고 수백만 달러의 법정 싸움에 휘말려야 했다.

큰 목표를 위해 무작정 달리는 것의 부작용은 이 책에서 전하려는 핵심 메시지다. 지나친 목표 설정으로 자신을 스스로 속박하지 말라. 학위를 따거나, 훌륭한 작가가 되거나, 100만 달러를 벌거나, 꿈에 그리던 집을 장만하거나, 회사 매출을 두 배로 늘리는 것은 분명 큰 성공이다. 그러나 미래에 이루고 싶은 큰 성공에만 사로잡히면 동기를 자극하는 매일매일의 즐거움과 성취를 무시해버리는 셈이 된다. 다른 가능성을 보지 못하는 편협한 길에 갇히는 것과 같다. 안타깝게도 많은 사람은 자신이 진정으로 원하지 않는 미래의 목표를 위해, 하루하루를 허덕이며 보낸다.

신화학자 조지프 캠벨의 말을 돌이켜 보자. 그는 많은 사람이 겪는 위기에 대해 이렇게 말했다.

"위기란, 사다리 꼭대기까지 올라갔을 때 그 사다리가 잘못된 벽에 세워져 있었음을 깨닫는 것입니다."

늦게 시작한 사람은 조급해지고 서두르다 자신이 감당할 수 없는 목표를 세우곤 한다. 물론 거대한 꿈도 좋다. 그러나 작은 목표를 하나씩 달성해 보는 것이 더 중요하다. 오늘 할 일을 정하고 그만큼만 달성해보는 것이다.

만약 시간이 남는다면 다음 날 해야 할 일을 조금씩 당겨서 하면 된다. 이런 생활을 꾸준히 반복하다 보면 자신감이 생기고 자신감이 생기면 열정은 자연스럽게 따라온다. 만약 스필버그가 거대한 꿈만 좇았다면 처음부터 영화감독으로 멋지게 데뷔하기 위해 서둘렀을지 모른다. 그러나 그는 영화에 대한 지식과 정보를 얻고 인맥을 쌓기 위해 유니버설 스튜디오를 출입하는 작은 일부터 시작했다.

다가올 수천 단계에 대해
걱정하기보다 눈앞의 다음 단계로
발을 내딛는 사람이 되고 싶습니다.

- 테오도르 루즈벨트, 미국의 26대 대통령

큰 성공만을 좇을 때 빠지게 되는 문제들
Going for Big Wins Can Stop You in Your Tracks

- 큰 목표 앞에서 주눅 들고 긴장하게 되며 행동하지 못하게 만든다.

- 문제를 복잡하고 혼란스럽게 만든다.

- 일을 끝맺는 데서 오는 성취감을 바로 느낄 수 없어 일상의 의욕과
  동기가 저하된다.

- 일하는 데 상당한 시간과 자원을 요한다.
  일에 대한 비용과 위험도 함께 커진다.

- 기회를 보지 못하게 한다.
  한 가지 길만 고집하므로 다른 길은 보지 못하게 만든다.

- 일을 힘든 방법으로 해결하게 한다.
  당신의 장점을 활용하기보다는 말이다.

- 미래의 보상에만 중점을 두니 날마다 성장하는 즐거움이 낮아지고
  피드백을 받지 못한다.

작은 성공의 위력
The Power of Small Wins

작은 성공의 개념은 미국 인지심리학 대가인 칼 와익 미시간대 경영대학원 교수의 기념비적 논문 『작은 성공: 사회적 문제의 잣대를 재정립하기』에서 그 시초를 찾을 수 있다.

칼 와익 교수는 복잡한 문제의 가장 좋은 해결 방법이 '쉬운 단위의 일을 여러 개로 나눠 실행하는 것'이라고 주장한다. 문제를 여러 쉬운 단계로 분할하면 각 단계에서 해야 할 행동이 한결 명확해진다는 뜻이다. 또한 자신을 향한 의구심과 일의 불확실성도 줄일 수 있다고 했다. 그러면 문제가 그리 복잡하지만은 않다는 것이다.

칼 와익 교수는 알코올 중독자 협회Alcoholics Anonymous가 성공을 거둘 수 있었던 이유가, 하루 혹은 최소 한 시간만이라도 술에 취해 있지 않은 상태로 버틸 것을 격려하기 때문이라고 했다. '앞으로 평생 술을 마시지 말 것'이 아니라 며칠 동안 금주에 성공하면 보상이 명확히 주어지고 오랜 시간동안 술을 마시지 않을 수도 있겠다는 생각이 들기 때문이라고 했다. 칼 와익 교수는 이렇게 말했다.

"일단 작은 성공 하나를 성취하면 그 다음 작은 성공을 얻기 위한 태도가 저절로 갖춰지죠."

다시 말해, 칼 와익 교수가 제안하는 전략은 가시적인 성과를 낼 수 있는 작은 단위의 일들로 나눠 실행하는 것이다.

여기서 핵심 키워드는 가시적이란 단어다. 직접 손으로 만지거나 남들에게 보이거나 비교해 볼 수 있는 것처럼 확인 가능한 결과를 내는 것을 뜻한다. 각각의 작은 성공은 현실을 바꿔 놓는다. 동지를 만날 수도 있고 모르던 자원을 발견할 수도 있으며 새로운 기회들도 생겨난다. 작은 성공은 분명 끊임없는 흐름을 일으킨다. 따라서 목표가 정해진 하나의 길을 따르지 않는다. 작은 성공들이 서로 어떻게 연결될지, 당신을 어디로 데려다 놓을지 예측할 수 없다. 도착점에 이르고 나서야 그동안 걸어온 길을 깨닫게 될 뿐이다.

칼 와익 교수의 논문이 발표된 후, 다양한 문제에 작은 성공의 활용법을 제시하는 수많은 연구들이 나왔다. 최신 기술을 이용하는 비즈니스라든가 우울증 극복, 인력 관리, 창의력 향상과 같은 문제들이었다.

작가인 피터 심스는 그의 저서 『작은 베팅 Little Bets』에서 많은 혁신가의 사례를 다뤘다. 구글의 창시자인 세르게이 브린과 래리 페이지, 픽사 애니메이션 스튜디오의 CEO인 에드 캣멀, 전설적인 건축가인 프랭크 게리 등이다. 이들은 비용이 적게 들고 위험성이 낮은 행동을 한 뒤에 큰 성공을 이룬 대표적 인물들이다. 심스는 이런 행동을 '작은 베팅'이라고 이름 붙였다. 혁신가들은 세세한 계획을 세우거나 특정 목표에만 연연하지 않는다. 대신, 자신들의 아이디어를 실행에 옮겨 시험해볼 작은 단계들을 많이 거치고 피드백을 구한다. 그리고 재빨리 그 단계들을 반복하며 방향을 수정한다.

예를 들어 미국의 코미디언 크리스 록은 그의 전국 공연에 포함된 복잡하고 다양한 농담을 생각해내기 위해 작은 코미디 장소에서 수백 개의 아이디어를 테스트한다.

"성공한 사업가들은 기발한 생각을 갖고 시작하는 게 아닙니다. 여러 일을 시도하고 그렇게 하다 보니 발견하게 되는 거죠."

플라이 레이디라는 애칭으로 잘 알려진 말라 실리는 미국인들에게 일명 집안 정리의 달인으로 불린다. 그녀는 자신이 이름 붙인 '5분 동안의 방 구출법'을 열심히 실천하고 있다. 그녀는 이렇게 말했다.

"만약, 도저히 감당 안 될 정도로 집안이 어지러져 있다면 문제가 가장 심각한 장소로 가서 조리용 타이머로 5분을 맞춰 두세요. 그리고 타이머가 울릴 때까지 마치 부기춤을 추듯 최대한 빠르게 움직이며 물건들을 치우는 겁니다. 타이머가 울리면 그날의 청소도 끝이죠. 그 다음날, 다음 날도 같은 행동을 하세요. 그리고 어느 날 말끔하게 치워진 집 전체를 보고 깜짝 놀라시면 됩니다. 매일매일 반복하면서 끔찍했던 집안이 어느새 정리된 거죠. 그리고 하나의 습관으로 아예 삼아버리세요. 그럼 집안을 치우는 일이 작정하고 시간을 내야 하는 일이 아니게 됩니다."

그녀의 이런 솔직하고 유머러스한 실천법 비디오는 많은 사람이 엉망진창인 집안을 청소하는 데 큰 도움을 주고 있다.

회계사에서 쓰레기 제왕이 된 사나이
From Accountant to Garbage man

감수해야 할 위험성이 낮고 조정 가능한 여러 단계들로 큰 성공을 이룬 사례를 살펴보자. 그 주인공은 톰 파조다. 그는 쓰레기 처리 업계의 거물인 BFI사를 비롯해 14개 사업체를 소유한 창업가다.

1966년 파조는 투자 기회를 찾던 26세의 회계사였다. 당시 그는 휴스턴의 어느 구역 입주자 모임의 회장을 맡고 있었는데 그 구역은 쓰레기 수거 서비스 회사와 마찰을 겪고 있었다. 입주자 회의가 열리자 파조는 쓰레기 수거용 트럭 구입을 제안했다. 그러자 한 명이 거들먹거리며 이렇게 말했다. "그럼 트럭을 사서 그쪽이 직접 몰고 다니면서 치우면 되겠네요."

파조는 그 발언이 몹시 언짢았을 뿐 아니라 개인적인 도전으로까지 느껴졌다. 내친김에 쓰레기 수거 업계를 살펴보았는데 의외로 위험 감수가 적은 꽤 괜찮은 사업이 아닌가. 쓰레기는 항상 있을테니 불경기도 없을 터였다. 더구나 입주자 모임에서는 서비스 비용을 90일 전에 미리 지불하는 게 관례였다. 그러니 창업 자금도 문제없을 듯 보였다. 트럭도 쉽게 장만할 수 있을 것 같았다. 파조는 과감히 트럭 한 대를 샀다. 그리고 그 지역 쓰레기 수거를 시작했다.

회계사였던 그는 700가구의 쓰레기를 수거하려면 몇 톤 트럭을 사야 할지 사전에 꼼꼼히 계산했다. 20입방 야드의 트럭으로 두 시간 거리의 쓰레기 처리 시설로 이동하는 처리 과정을 머릿속에 그려보았다. 트럭을 직접 운전해서 쓰레기를 수거하게 된 첫날, 파조는 자신의 계산과 실제상황이 매우 다르다는 걸 깨달았다. 겨우 220개 가구의 쓰레기만으로 트럭이 꽉 차버린 것이다.

첫 사업계획의 확장으로 더 큰 수거 트럭을 구입한 파조는 4주 동안 직접 운전하며 쓰레기를 수거했다. 그야말로 혼자 발 벗고 일하며 요령을 터득해 갔다. 물론 예상치 못한 문제점들도 많았다. 하루는 수거 트럭의 콤팩터compacor쓰레기 압축기가 망가져버렸다.

아직 수거할 집이 70가구나 남은 상태라 매우 난감했다. 그래서 한 가구의 쓰레기를 수거할 때마다 직접 트럭 뒤로 올라가 쓰레기 더미를 쿵쿵 밟아 내려야 했다. 공간을 확보하기 위해서 말이다.

악취가 진동하는 쓰레기 트럭 안에 회계사가 서 있다니 의아할지 모른다. 하지만 파조는 몸으로 직접 부딪혀 일한다는 점이 마음에 들었다. 다른 운전사들과 친분을 쌓는 것도 좋았고 이 일을 통해 배울 게 많다는 생각도 들었다. 그는 자신의 걸음마 단계 사업이 어디까지 갈 수 있을지 확인해 보고 싶었다. 그래서 회계사 일을 그만두고 본격적으로 쓰레기 수거 사업에 뛰어들기로 했다.

사업 초기엔 주로 주거용 생활 쓰레기만을 수거했지만 점차 쇼핑몰과 소규모 공장의 쓰레기도 취급했다. 그때 예상하지 못한 일이 발생했다. 쓰레기 수거 관련 법률이 강화되면서 쓰레기 소각이 불법이 된 것이다. 결과적으로 트럭 한 대당 50센트인 처리 비용이 몇 백 달러로 늘어났다. 파조는 오히려 이 상황을 기회로 받아들였다. "쓰레기 수거도 하고 동시에 소각도 하는 회사를 세우면 되잖아?"

그는 결국 쓰레기 매립지를 사들였다. 그러던 어느 날 휴스턴 시장이 파조에게 연락을 해왔다. 12일 안에 도시 내 쓰레기를 전부 처리해줄 수 있겠냐는 문의였다. 파조는 "물론입니다"라고 답한 뒤, 일에 필요한 트럭 1,000대를 마련하기 위해 뛰기시작했다.

큰 그릇 속의 효모 하나가 밀가루를 발효시키듯
오늘 시작한 작은 행동이 내 모든 것을 변화시킬 것이다.

- 마리안 반 아이크 맥케인, 영국 심리학자 및 작가

휴스턴 지역에서 파조의 사업은 기하급수적으로 성장했다. 그렇지만 아직 이 업계에 대해서 배울 것이 많아 보였다. 파조는 약 3주 동안 다른 도시의 쓰레기 관리 업체의 운영 방침을 살펴보기로 했다. 이 출장에서 그는 한 가지 사실을 발견할 수 있었다. 소규모 쓰레기 처리업체는 많은 반면, 여러 도시를 한꺼번에 관할하는 큰 업체는 없다는 점이었다.

또한 위생법 개정에 따라 관련 기술을 현대화하려면 상당한 자본이 필요했는데 대부분의 소규모 업체는 감당하기 힘든 비용이었다. 파조는 여기서 또 한 번의 기회를 찾았다. 소규모 업체들을 통합해 전국 규모의 회사를 설립하면 각 생산 단위에 드는 비용이 감소해서 이득을 볼 수 있을 것 같았다. 그는 이후 3년간 한 주에 한 기업 꼴로 쓰레기 관리 업체를 인수했다. 그리고 마침내 BFI가 설립됐다.

1976년, 파조는 다른 사업체들의 운영을 위해 BFI의 CEO 자리에서 물러났다. 당시 BFI의 한 해 매출은 2억 5천 6백만 달러^한화 3천억 원에 육박했다. 131개 도시에서 2,800대의 수거 트럭이 운영되고 있었으며 직원 수는 7,700명이었다. 그 당시 돈의 가치로 따져볼 때 가히 천문학적인 금액이었다.

만약 1966년으로 돌아가서 전국적으로 10억 달러 규모의 쓰레기 관리 업체를 세울 계획을 세워야 한다면 어떨까?

불가능하지 않을지 몰라도 실행을 위한 비용과 위험 감수는 엄청날 것이다. 하지만 파조는 애당초 거창한 목표를 이루려던 것이 아니다. 그저 동네 주민의 말을 도전으로 받아들여 쓰레기 수거를 위해 500달러를 주고 트럭 한 대를 구입한 것뿐이다. 그의 첫 목표는 입주민들에게 쓰레기 수거 서비스를 제공하는 것이었다. 물론 동시에 돈도 좀 벌면 좋겠다는 생각도 했다.

어쨌든 처음에 회계사라는 직업을 그만둘 생각조차 없었다. BFI를 성공으로 이끈 모든 요소들, 즉 처리 기술의 발전, 새로운 시장으로의 확대, 관련 법 개정과의 시기 맞물림 등은 운영 과정에서 저절로 발견하게 된 것들이다.

작은 성공이 당신의 삶을 움직이게 한다
Small Wins Get Your Life in Motion

- 복잡한 프로젝트를 간단하고 이해하기 쉬운 여러 단계로 나눠 준다.

- 일에 관심을 갖고 해냈다는 성취감을 느끼게 하며 언제나 동기부여 를 준다.

- 일의 불확실성을 제거하고 스트레스를 줄여준다.

- 일을 수행하는 과정에서 점진적인 발전과 피드백의 이점을 얻을 수 있다.

- 장점을 살릴 수 있는 즉각적인 행동에 뛰어들게 만든다.

- 행동에 유연성을 부여하고 새로 다가오는 기회 앞에 열린 자세를 갖 게 해준다.

- 가장 적은 시간과 비용을 바탕으로 행동하게 해 위험부담을 줄인다.

- 미래에 대한 걱정을 줄임으로써 현재를 마음껏 즐기게 돕는다.

지금, 한 가지 행동을 시작하라
Do One Thing Now

큰 프로젝트를 시작하는 것은 언제나 어려운 일이다. 진로를 완전히 바꾸거나, 회사 사무실 구조를 재정비 하거나 더 건강한 생활 습관을 갖는 것 등이다. 도대체 어떻게 일을 시작해야 할지 막막해서 온몸이 뻣뻣해지는 기분이 드는가?

그렇다면 어려운 목표에 대한 걱정을 그만두고 할 수 있는 작은 행동에 주의를 기울이라. 아무리 삶이 혼란스럽고 난장판인 것 같아도 언제든지 긍정적인 한 걸음은 내딛을 수 있다. 그 첫걸음을 내딛음으로 일을 진척시키고 새로운 기회에 열린 마음을 가질 수 있다. 그러면 그 다음 걸음을 내딛는 것은 그보다 쉽다.

시작하고 싶은 것이 무엇인가? 당신에게 중요한 일이라면 무엇이든 괜찮다. 그것을 통해 배우고 탐색하며 성장할 수 있으면 그만이다. 중요한 것은 어떤 일을 시작하고 변화를 만드는 것이다. 원대한 성취를 하겠다고 애쓸 필요도 없다. 작고 쉬운 행동일수록 더 좋다. 작은 성공 접근법의 특징 중 하나는 그런 작은 행동들이 당신을 어디로 이끌지 모른다는 데 있다. 그러니 일직선이 아닌 길을 걷는다 해도 걱정할 필요는 없다. 여러 작은 단계를 거치는 동안 즐거움을 만끽하면 된다. 그리고 예상치 못한 곳에 도달하는 놀라움을 느껴보라.

작은 행동들을 위한 제안들
Suggestions for Action Steps

- **행동의 내용을 명확히 한다.(Keep it specific)**

  행동을 구체적으로누가, 어떻게, 어디서, 왜 언제 정의할 수 있어야 한다.

- **행동은 쉬워야 한다.(Keep it easy)**

  행동 단계가 성취하기 쉬워야 한다. 행동 단계가 완료되지 않았다면 덜 도전적 인 것으로 조정해야 한다.

- **즐거워야 한다.(Keep it fun)**

  어떤 행동을 택하든, 즐겁고 흥미로운 경험이 돼야 한다. 긴장될지 라도 열정을 갖는 일이면 된다.

- **즉각 행동한다.(Keep it immediate)**

  지금 당장 시작할 수 있으며 단기간에 끝맺을 수 있어야 한다.

- **비용이 적게 들어야 한다.(Keep it cheap)**

  최저의 시간과 돈, 자원을 필요로 하는 행동이어야 한다.

- **현실적인 행동을 해야 한다.(Keep it real)**

  샘플을 만들거나, 다른 사람과 대화를 나누거나, 어떤 장소를 방문
  하거나, 서류를 정리하는 일과 같은 것들을 시도하라.

- **사회적이어야 한다.(Keep it social)**

  다른 사람들과 상호작용할 수 있는 기회를 만들도록 노력함으로써
  피드백을 얻을 수 있다.

작은 행동들의 예
Examples of Action Steps

- 다음 주 금요일까지 패션업계에서 일하는 사람과 얘기할 기회를 만들어봐야지.

- 조각품 구상 관련 스케치를 해서 화요일에 친구 수지에게 보여줘야겠어.

- 어린이 동화의 줄거리를 요약해서 이번 일요일에 조카에게 들려줘야지.

- 이번 주말에 사진작가 워크숍에서 내 사진들을 참가자에게 보여주면 어떨까?

- 토요일에 벼룩시장이 열리잖아. 내가 제일 잘 만든 도자기들을 진열해봐야겠어.

- 리더십 세미나에 관한 한 장짜리 개요를 써서 화요일 점심때 사장님에게 보여드려 봐야지.

- 재무계획 강의를 다음 주까지 등록해야겠어. 일요일 저녁에 친구 린다에게 강의 계획에 대해 얘기해 봐야겠군.

- 금요일까지 멘토링에 관한 책을 한 권 주문해야지.

- 친구 폴에게 청소년 상담사로서의 경험이 어땠는지 물어보면 되겠네.

자신의 장점을 기반으로 두라
Build on Your Strengths

버지니아대 다든 비즈니스 스쿨^{Darden School of Business} 사라스 사라스
배시 교수는 CEO들의 사고와 습관을 연구하기 위해 30개 회사
의 CEO들을 만났다. 철강, 철도, 봉제완구, 반도체, 바이오 기술
등 그 업종도 다양했다.

사라스배시 교수는 이들 CEO들이 현재 가진 자산, 기술, 지
식, 사회적 인맥 등을 바탕으로 즉각 행동에 뛰어드는 경향을 발
견했다. 대범한 성공을 이룰 수 있는 선택을 할 것이라는 선입견
과 달리, 사라스배시의 연구는 이들이 오히려 위험을 회피하는 경
향이 있음을 밝혀냈다.

CEO들은 주로 최저 시간과 최저 비용이 드는 행동을 선호
했다. "3일 동안 일해서 다섯 명에게 선보일 샘플을 만들 수 있을
까?"라고 말이다. "내 전 재산과 앞으로 2년의 시간을 몽땅 투자해
서 수백만 달러의 수익을 올릴 수 있을까?"가 아니고 말이다.

다시 말해, 최저의 비용과 준비 시간만으로 곧장 행동에 뛰어
들 수 있는 좋은 방법은 이미 존재하는 자원과 사회 인맥을 활용
하는 것이다. 혹시 지금 당신을 도울 수 있고 피드백을 주며 또 다
른 사람들에게 당신을 소개시켜 줄 수 있는 인맥이 있는가? 현재

하는 일을 통해서 호기심을 갖는 다른 일에 대해 알아볼 기회는 없는가? 현재 가진 아이디어를 확인할 기회를 마련해 줄 사회단체나 모임에 속해 있지는 않은가? 이렇게 당신이 이미 가진 장점과 자신을 바탕으로 시행할 수 있는 간단한 행동들을 찾아보라. 다음의 예시에서 아이디어를 착안해도 좋다.

- 요즘 회사에 결혼 소식이 끊이지 않는 것 같네. 회사 게시판에 저렴한 비용으로 웨딩사진 촬영이 가능하다는 공고를 내보는 건 어떨까?

- 내 친구의 누나가 출판사 부사장이잖아. 스티븐한테 누나를 좀 소개시켜달라고 해야겠어. 그래서 아동문학 출판업계에 대해서 물어봐야지!

- 지난번에 여자 어린이 축구팀 코치를 맡았을 때 동네 학부모들을 많이 만났잖아. 그분들을 만나서 어린이 전용극장을 만드는 아이디어가 괜찮은지 여쭤봐야겠어!

- 중소기업 컨설턴트로 일하는 데 나는 항상 관심이 있었어. 내가 속해 있는 예술인 육성위원회에서 자원봉사를 해봐야겠어. 중소기업의 재정적 운영 방침에 대해 더 자세히 알 수 있게 말이야.

성취의 즐거움을 느끼기 위한 작은 노력들
Do It! Get Going, Have Fun, and Be Aware

어떤 행동을 택하든 세상 밖으로 나가 그것을 실행에 옮기라. 즐거움을 만끽하고 예상치 못한 경험과 기회를 맞이하라. 다음은 염두에 둬야 할 사항이다.

• 어떤 일이 생겨도 감사히 생각하라. 자신의 실수에 웃을 수 있는 여유가 있어야 한다. 특정 결과에 연연하며 사로잡힐 필요가 없다.

• 이루려는 목표에 최선을 다하는 태도를 가지라. 하지만 성취가 너무 어렵게 느껴진다면 좀 더 쉬운 행동을 택해야 한다는 신호로 알자.

• 언제나 호기심을 갖고 기회가 되는대로 배우려고 노력하라.

• 의미 있는 인간관계를 맺을 기회를 찾으라. 만나는 사람 모두가 잠정적인 도움을 줄 수 있음을 명심하자.

작은 성공을 자축하라
Celebrate Your Small Win

어떤 일을 무사히 끝맺었다면 잠시 틈을 내서 그 작은 성공을 자축하라. 세상에 나가 성취의 즐거움을 만끽하라. 자축의 시간이 끝났다면 그 다음 작은 성공을 목표로 전진하라.

- 존 크럼볼츠

엠마는 13세 때부터 사진을 찍기 시작했다. 그녀는 북캘리포니아의 한적한 마을에서 자라며 시골 길을 따라 하이킹을 하곤 했다. 걷는 동안 낡은 헛간과 버려진 농장 시설물의 흑백사진을 찍는 일이 좋았다. 고등학교 시절에는 자신의 방에 인화실을 만들어 사진인화를 직접 해볼 정도였다. 한번은 버려진 농가를 찍는 사진 콘테스트에 응모해서 1등에 뽑히기도 했다. 엠마는 사진 찍는 시간이 너무나 좋았다. 하지만 한 번도 진로와 연결시킨 적은 없었다. 아버지의 조언에 따라 진짜 직업을 가져야 한다는 생각이 앞섰기 때문이다. 그래서 대학에서는 컴퓨터공학을 전공했다. 그 뒤 20년간 엠마는 여러 회사에서 컴퓨터 프로그래머로 일했다.

하지만 언젠가부터 사진에 대한 열정이 다시 끓어오르는 것을 느꼈다. 오래돼서 낡은 카메라를 디지털 카메라로 바꾸고 카메라와 컴퓨터, 프린터를 사는데 드는 몇 천 달러도 전혀 아깝지 않았다. 휴가 때는 수많은 카메라와 렌즈들을 여행용 가방에 싸서 돌아 다녔다. 한 장의 완벽한 사진을 찍겠다고 30시간이나 투자하기도 했다.

그러던 어느 날 예상치 못한 일이 생겼다. 직장에서 그만 해고를 당한 것이다. 이제 막 40대에 들어선 엠마에게 새로운 직장을 구하는 건 결코 만만한 일이 아니었다. 같은 업종의 기업은 모두, 대학을 갓 졸업하고 최신 기술을 식은 죽 먹기로 다루는 신입사원들만 찾고 있었다. 하루 15시간을 계속 일 하라고 해도 아무런 불평도 없을 것 같아 보이는 젊은이들 말이다.

두 아이의 엄마로서 지금까지 컴퓨터 코드만 입력하는 삶을 불평 없이 살아왔지만 이제는 더 이상 같은 일을 지속하고 싶지 않았다. 같은 업종의 또 다른 회사에서 일한다는 생각만 해도 우울하고 골치가 아플 지경이었다.

엠마의 마음속에는 언제나 전문 사진작가의 삶이 들어있었다. 그리고 드디어 그 일을 시작할 수 있는 기회가 온 것일지 모른다는 생각으로 가득 찬 그녀는 결심에 앞서 우리를 찾아왔다.

처음 우리에게 자초지종을 얘기했을 때 엠마는 거창한 목표를 세워놓고 들떠 있었다. 예술사진 작가가 되어 갤러리에 사진을 출품하고 싶다며, 가장 좋은 첫걸음이 양질의 사진 100장이 담긴 포트포리오를 만드는 것이라고 했다. 그렇게 하면 사진 주문, 이미지 관리, 소셜 네트워킹과 같은 부가적인 기능을 갖춘 전문 웹사이트를 만드는 데 3개월 정도가 걸릴 것 같다는 게 그녀의 계획이었다.

하지만 엠마의 계획은 오랫동안 시간 투자를 해야 가능한 것이었다. 더구나 그 기간 동안 사람들과 만나거나 피드백을 구할 기회도 거의 없어 보였다. 우리는 그녀에게 물었다.

"지금부터 웹사이트를 최대한 빨리 만들어 제일 잘 찍은 사진 몇 장을 올려보는 게 어때요?"

처음에 그녀는 웹사이트를 급하게 만든다는 의견에 반대했다. 프로답지 않아 보일까 걱정된 것이다. 하지만 일단 웹사이트를 만들고 나면 차차 개선할 기회는 얼마든지 있을 거라고 안심시키자 결국 엠마는 우리의 의견을 받아들이기로 했다.

웹사이트를 만드는 데는 겨우 2주 밖에 걸리지 않았다. 엠마는 그곳에 지난 수년간 찍은 아름다운 작품들을 올렸다. 그리고 친구와 친지들에게 웹사이트에 관한 소식을 담은 이메일을 보냈다. 사이트를 방문한 그녀의 지인들은 하나같이 칭찬과 격려를 담은 답장이나 회신을 보내왔다. 엠마는 자신의 사진을 평가하는 그들의 메시지에 흥분을 감추지 못했다.

다음 상담 때 우리는 엠마에게 상업용 사진도 찍어보는 게 어떤지 제안했다. 지인의 결혼식 사진기사로 자원하거나, 지역 상인들이 필요로 하는 사진을 찍어줄 수 있는 방법이 있는지 물었다. 물론 엠마는 자원봉사를 내키지 않아했다. 당당한 예술사진 작가로 이미지를 굳히는 데 온통 관심이 있었기 때문이다. 하지만 우리의 권유가 계속되자 시도해 보겠다고 말했다.

그 후 몇 주간 동안 엠마는 사진사로 자원할 수 있는 꽤 많은 기회를 찾았다. 동네 꽃집의 상품 전단지에 쓸 사진을 찍어주고 고등학교 유도 경기에서 사진을 찍느라 하루를 보내기도 했다. 연기 학교에 입학원서를 내는 딸 친구의 프로필 사진을 찍기도 했다. 엠마 스스로도 자신이 이 일을 얼마나 즐기고 있는지 깨닫고 새삼 놀랐다. 엠마는 상업용 사진을 찍는 일을 재미없는 일로 생각해왔다. 하지만 단순한 사진 촬영에도 무궁무진한 창의적 능력이 필요하다는 사실을 발견할 수 있었다. 더불어 자신의 사진이 실제로 유용하게 사용되는 보람찬 경험이었다. 딸의 친구들도 엠마가 찍어준 사진을 정말 좋아했다.

엠마의 다음 행동은 지역 내 예술인들과 친해지는 일이었다. 그녀는 달마다 정기 모임을 갖는 예술인 길드에 들어가기로 했다. 그곳은 마침 예술 관련 웹사이트 설립에 필요한 자금지원을 준비 중에 있었다. 수년간 웹디자인 경험이 있던 엠마는 지원운영회의의 관리를 맡겠다고 자원했다. 이렇게 예술인 모임에 참여한 덕분에 그녀는 명망 있는 사진작가들을 만날 기회를 얻게 되었다. 그들은 그녀가 사진업계로 발돋움할 때 필요한 많은 혜안을 기꺼이 나누어 주었다.

얼마 후 그녀는 스톡 사진stock photography2 취급 회사에 자신의 사진을 팔 수 있다는 새로운 정보를 듣게 되었다.

'한 달 동안 여러 회사들을 살펴보고 어디가 제일 일하기 좋은 곳인지 결정해야지. 그리고 나서 몇 달 간 제출할 포트폴리오를 제작해야겠어!'라고 그녀는 생각했다.

하지만 이번에도 우리 생각은 달랐다. 우리는 엠마에게 다음 주에 당장 온라인에서 사진을 팔 수 있는 방법이 없겠는지 물었다. 엠마는 이번에도 동의했고 한 주 동안 스톡 사진 관련 웹사이트를 찾아보기로 했다. 그리고 평가를 위해 세 장의 사진만 제출하면 되는 지원 규정이 비교적 간단한 사이트를 찾아냈다. 그녀는 곧 쉽게 통과되었다. 풍경 사진에는 관심이 없었지만 사람들이 어떤 종류의 사진을 사고 싶어 할지 모른다는 생각에 다양한 사진을 모두 올려놓았다. 그리고 일주일 뒤, 그녀가 하와이 여행에서 찍은 열대 꽃 사진 한 장이 팔렸다. 26센트라는 가격에 말이다. 그래도 괜찮았다. 자신의 첫 작품이 팔렸다는 사실만으로도 뿌듯했기 때문이다. 그녀는 농담 섞인 어조로 이렇게 말했다.

"이제야 제 자신을 전문 사진작가라고 부를 수 있지 않을까요?"

---

2 사진의 판매나 임대를 목적으로 촬영된 이미지

엠마는 점차 보수를 받을 수 있는 사진 촬영의 범위를 넓혀갔다. 기업 사내 책자의 프로필 사진과 동네 레스토랑 음식 메뉴 사진을 찍거나 이벤트 촬영을 맡기도 했다. 그와 동시에 온라인에 올린 스톡 사진들도 점차 늘려갔다. 새 작품을 찍을 때마다 모르던 것들을 깨닫고 새로운 사진 기술을 익힌다는 생각에 기쁨으로 가득했다. 엠마는 현재 건축물 사진촬영을 계획 중에 있다.

예술사진을 판매하겠다는 원래의 계획도 잊은 건 아니다. 지금 그녀는 다가오는 갤러리 전시회에 출품할 흑백의 황무지 사진 촬영에 한창이다. 물론 사진작가로서 커리어를 쌓으려면 앞으로 갈 길이 멀다. 하지만 엠마는 지금 너무나 행복하고 점점 성장하고 있음을 느끼고 있다.

"어떻게 하면 사람들에게 좋은 인상을 줄까만 늘 생각하던 때가 있었어요. 예술가로 보이고 싶었거든요. 하지만 지금은 달라요. 그저 일을 하고 싶고 매일 조금씩 뭔가를 해내고 싶을 뿐이에요."

하루 5분
5 Minutes a Day

작은 성공의 크기가 아무리 작아도 상관없다. 결코 작은 것이 아니다. 빨리 행동을 취하는 게 중요할 뿐이다. 당신의 인생이 점점 흥미로워질 테니까.

당신이 이룰 수 있는 '더 작은 성공'에는 무엇이 있을까? 정말 너무나 간단하고 쉬워서 지금 당장 5분 안에 할 수 있는 행동들 말이다. 그 예를 몇 가지 들어 보겠다.

- 옛날에 알던 친구에게 이메일 보내기
- 싱크대에 쌓아둔 접시 닦기
- 동네 공원으로 산책 나가기
- 책상 위에 놓인 서류 정리하기
- 처음 보는 사람에게 반갑게 인사하기
- 자기 전, 침실용 탁자 위에 올려놓은 책 한 페이지 읽기
- 1분 동안 명상하기

500장 쓰는 게 불가능해 보여서
적막함을 느낄 때면
패배감이 밀려온다.
절대로 해낼 수 없을 것 같아서….

그러다 한 장을 쓰고
한 장을 쓴다.
하루치 분량을 끝내는 것외에는
아무것도 생각하지 않는다.

500페이지를 써야 한다는 황량한 불가능에 직면했을 때, 든 패배의식
이 밀려왔고 나는 결코 그것을 할 수 없다는 것을 알았습니다. 그런
다음 점차적으로 한 페이지를 쓰고 다음 페이지를 썼습니다. 하루의
일은 내가 생각할 수 있는 전부였습니다.

- 존 스타인벡, 『분노의 포도』로 노벨상을 수상한 작가

Confronting the nature of resistance that appears at every opportunity

기회의 순간마다 나타나는
저항의 본질에 맞서라

'앞에 위험이 감지됨.
브레이크를 밟고 후퇴하시오!'

이것은 두려움이나 의심 같은
부정적인 감정 반응에
보내오는 뇌의 자동 메시지다.

저항은 좀 더 안전한 영역으로
후퇴하라고 부추긴다.
잠정적 위험을 과장해서 부풀리고
긍정적인 가능성은 깎아내린다.
저항은 위험해 보인다는 핑계로
아무것도 하지 못하게 하는
거짓말쟁이와도 같다.

더 큰 문제는 저항이 의미 있는 일을
하려는 사람에게 악착같이 달라붙는 걸
좋아한다는 것이다.

많은 사람이 안전구역에 갇혀 산다.
안전구역은 공포와 한계를 어떻게 인식하느냐에 따라
다른 정의가 내려진다.
때로 그 범위를 벗어나고 싶은 충동이 들 때도 있지만
감히 그 한계 밖으로 발을 내딛는 사람은 극소수다.
종종 그런 용기 있는 사람들이 실패와 후퇴를 경험하기도 한다.
그러나 안전지역을 보다 넓혔다는 만족감과
큰 성공에 대한 달콤한 꿈을 맛보는 사람도 있는 법이다.

모든 인간의 몸에는 위대한 보물이 숨겨 있다.
자그마한 그 보물 속에는 위대한,
정말 위대한 능력이 내재되어 있다.
그 능력 중 우리가 알고 있는 것은 극히 일부에 지나지 않는다.

로버트 케네디는 이렇게 말했다.

"미래는 현재에 만족하는,
공통적인 문제들에 무관심한 사람들!
과감한 프로젝트와 새로운 아이디어에 직면해
소심하고 두려워하는 자세를 취하는 사람들의 것이 아닙니다.
미래는 열정과 용기를, 모험과 이상을 겨냥한
개인적인 신념을 지키는 사람들의 것입니다."

이 희망을 받아들이기만 한다면 모든 것이 가능합니다.

- 영화배우 크리스토퍼 리브, 『새로운 삶』

당신이 할 수 있거나 당신이 할 수 있는 꿈을
무엇이든 시작하십시오.
대담함에는 천재성과 마법과 힘이 있습니다.
지금 시작하세요.

- W.H.머리, 산악인 및 작가

가치 있는 삶을 사는 사람들은 모두
좋은 생각, 좋은 마음, 좋은 의도를 가지고 있다.
하지만 그것을 행동으로 옮기는 사람은 극히 드물다.

- 존 핸콕, 〈독립 선언서〉 서명자

우리 중에는 특정한 방식으로 삶을 살아가는 사람들이 있다.
상황이 바뀔 때까지, 시간이 더 있을 때까지, 덜 피곤할 때까지,
승진할 때까지, 정착할 때까지, 그 때까지 기다린다.
그들은 제대로 된 삶을 시작하기 전에
삶에서 반드시 일어나야 할
어떤 중요한 사건이 있어야 할 것처럼 여긴다.

- 조지 시한, 『러닝 & 존재: 완전한 경험』의 베스트셀러 저자

하지 말아야 할 것 같은 기분
I feel like I shouldn't do it

> 기분의 실체를 드러내기 위해 커튼을 젖히는 유일한 방법은 간단하다.
> '하지 못할 것 같은, 하지 말아야 할 것 같은 기분'에
> 더 이상 공짜 신뢰티켓을 남발하지 않는 것이다.

삶에서 가장 행복했던 때를 떠올려 보라. 그야말로 열정적이고
에너지가 넘쳤던 때를. 그때 당신은 무엇을 하고 있었는지 생각
해 보라. 집에 앉아서 아이스크림을 먹으며 시트콤 재방송이나
보고 있지는 않았을 것이다. 당신의 삶이 가장 생동감 있고 의미
있었을 때는 흥미진진한 프로젝트를 맡게 되었거나, 새로운 도전
을 하거나, 흥미로운 것들을 배울 때, 중요한 인간관계를 키워나
갈 때였을 것이다.

　우리는 성공과 행복이 인생에 주어진 기회를 잡았을 때 온다
는 것을 잘 알고 있다. 다만 행동이 어려울 뿐. '내가 정말 해낼 수
있을까? 이룰 수 있을까? 어려움에 당당히 맞서고 헤쳐 나갈 수
있을까? 변화를 감당할 수 있을까?' 같은 자신에 대한 의심 그리고

망설임과 두려움은 언제나 우리를 제자리에 가만히 있도록 붙들어 놓는다. 저항의 힘은 강하다. 그렇다면 왜 이런 현상이 생기는지 꼭 알아봐야 할 것이다.

'그만 둬', '하지 마'라는 목소리
The Voice That Says "Don't Do It"

익숙함과 확실성을 추구하는 것, 위험과 불확실성을 멀리하는 것은 인간의 본성이다. 익숙함에서 멀어질 때면 마치 뇌에서 이런 경고 메시지를 보내는 것 같다. '앞에 위험이 감지됨. 브레이크를 밟고 후퇴하시오!'

주로 두려움이나 의심 같은 부정적인 감정에 반응하는 뇌의 자동 메시지다. '왜 그 일을 하지 말아야 하는가'에 대한 합리화와 함께 말이다. 당신은 너무 바쁘다. 준비되어 있지 않다. 시간이 맞지 않다. 실패할 가능성이 높다. 등 당신이 삶을 제대로 살지 못하도록 집요하게 괴롭히는 이 작은 목소리가 바로 저항이다.

일상에 중대한 변화가 일어날 때일수록 이 저항은 설득력이 더 강해지는 특성이 있다. 예를 들어 다음과 같은 경우다.

- **진로 방향을 바꾸려고 할 때, 특히 새로운 기술이나 교육이 필요한 경우**
  교사가 되기 위해 변호사 일을 그만 둠

- **확실한 보장이 없는, 혼자만의 창의적인 작업을 할 때**
  시나리오 쓰기

- **영적인 추구를 시작할 때**
  매일 명상하기

- **장기적인 변화를 고려할 때**
  결혼이나 임신, 다른 도시로의 이사

- **보수가 보장되지 않은 일을 하려 할 때**
  대학원에 입학하거나, 창업을 고려 할 때

- **자신의 이미지와 맞지 않는 사람들 혹은 단체와 교류하려 할 때**
  초보자로 무언가를 시작하거나, 드라마 동호회에 가입하는 것

- **신체적 활동의 수준을 높이려 할 때**
  퇴근 후 달리기

- **오래된 습관을 바꾸려 할 때**
  TV 시청을 그만두기, 단 것의 먹는 양을 줄이기

- **업무 환경이나 집안 환경을 개선하려 할 때**
  사무실의 구조 바꾸기, 차고를 청소하기

저항은 당신을 좀 더 안전한 영역으로 후퇴하라고 부추긴다. 잠정적 위험을 과장해서 부풀리고 긍정적인 가능성은 깎아내린다. '나는 늘 피곤하고 몸도 약해, 그리고 사실 능력도 없어. 시기도 최악이고 어차피 실패할 게 뻔한 데 시간을 허비할 필요가 뭐 있겠어'라고 속삭인다. 저항은 위험해 보인다는 핑계로 당신을 아무것도 하지 못하게 하는 거짓말쟁이와도 같다.

소설가 스티븐 프레스필드는 그의 저서 『최고의 나를 꺼내라! The War of Art』에서 저항이 사람들의 삶을 제한하는 여러 현상에 대해 논했다. 특히 창의적인 업무를 하는 사람들의 경우를 상세히 다뤘다. 그는 저서에서 저항이 의미 있는 일을 추구하는 사람들에게 더 악착같이 달라붙어 일부러 일을 방해하는 일종의 악마같은 존재라고까지 했다. 그의 말을 들어보자.

"러닝머신을 집에 들여놓고 다락에서 먼지만 쌓이도록 방치해둔 적 있습니까? 다이어트, 요가 수업, 명상 연습을 도중에 관둔 적 있나요? 갑자기 박차고 나가 영적인 수련을 떠난다든가, 인도주의적인 목표에 헌신하고 남을 위해 봉사하는 삶을 살기로 결심한 적은요? 약하고 힘없는 사람을 위한 수호자가 되고 싶던 경험은 없나요? 선거에 출마하고 지구를 수호하며 세계 평화를 위한 캠페인을 벌이고 환경 보호에 앞장서고 싶었던 적은 없습니까? 밤늦게 갑자기, 난 이런 사람이 돼야지. 난 이런 일을 하고 이런 존재가 되기 위해 태어났다는 비전을 갖게 된 적은요? 그리고 아침이 돼서 가슴 벅찬 그 행동을 실제로 시작했나요? 아니면 강력한 감정 기복으로 괜한 호기를 부렸다고 생각했나요? 혹시 글도 쓰지 않는 작가, 그림도 그리지 않는 화가, 새로운 사업을 시작해본 적도 없는 기업가는 아닌가요? 그렇다면 당신은 이미 저항이 뭔지를 아는 겁니다.

저항은 눈으로 보거나 만질 수 없고 듣거나 냄새를 맡을 수 없는 것이지요. 하지만 느낄 수는 있어요. 마치 현재 진행 중인 가능성으로부터 뿜어져 나오는 에너지 장처럼 느끼는 거죠. 말하자면 밀어내는 부정적인 힘이에요. 그 힘의 목표는 대상을 밀쳐내고 우리의 관심을 분산시켜 일하는 걸 방해하는 겁니다.

저항은 당신이 일하는 걸 방해하려고 위증하고 날조하며 왜곡하죠. 유혹하고 괴롭히며 부추기기도 하고요. 저항이라는 건 변화무쌍합니다. 당신을 속이기 위해서라면 그 어떤 모습으로도 변장하거든요. 마치 변호사처럼 당신을 설득하기도 하고 무장 강도처럼 당신의 얼굴에 총을 들이밀기도 하죠. 저항은 양심도 없어요. 목적 달성을 위해서라면 어떤 약속도 하니까요. 하지만 당신이 등을 돌리자마자 배신을 하는 거예요. 저항의 말을 곧이곧대로 들었다가는 어떤 결과라도 감수해야 할 겁니다. 저항은 언제나 거짓말을 달고 살고, 한마디로 어처구니가 없으니까요."

물론 수천 년 전이라면 얘기는 다르다. 그 시대의 사람들이라면 꼭 필요한 일이 아니고서는 몸을 사려야 했을 것이다. 하지만 현 시대가 어디 그런가?

새로운 일을 시도한다고 목숨이 위태로울 일은 거의 없다. 다양하고 폭넓은 삶을 살기를 원한다면 '하지 말라'는 경고의 메시지를 받고도 행동을 취하는 방법을 배워야 한다.

저항을 하면...	행동을 하면...
해야 할 일들이 쌓여만 간다. 그 부담이 어깨를 짓누를 정도다.	매일매일 일을 조금씩 해나가게 된다. 지속적인 발전으로 에너지가 넘치게 된다.
꿈을 부정하고 꿈의 실현을 미래로 연기해버린다.	꿈을 현재에서 시험함으로서 그 정당성을 입증한다.
사소한 일들에 사로잡혀 방향을 잃게 된다.	당신에게 중요한 문제에 집중하게 된다.
삶을 당연시 여기게 된다.	일상의 소중함을 감사히 여기게 된다.
여러 문제들로 삶이 제한받는 느낌이다.	자신의 장점을 십분 활용해 행동한다.
삶이 불확실하다는 느낌에 낙담한다.	자신이 즐기는 일을 한다는 생각에 아침에 즐겁게 일어날 수 있다
'어차피 변하는 건 아무것도 없는 걸'이라는 생각에 절망으로 갇힌 기분이다.	하루하루가 놀라움으로 가득해, 발걸음마저 가벼운 기분이다.
미래의 큰 보상만을 기다리게 된다.	현재의 기회에 뛰어 들어간다.
기분이 나아질 때까지 기다렸다 행동하게 된다.	기분을 나아지게 하기 위해 행동에 뛰어든다.
적시를 기다려 행동한다.	지금이 바로 적시이므로 바로 행동한다.
자신감이 생길 때까지 기다렸다 행동한다.	자신감을 키우기 위해 행동을 시도한다.

당신의 미스터리한 기분을 믿지 마라
Don't Trust Your Mystery Moods

라니는 대형 보험사 사무실에서 금융 분석가로 일하고 있다. 자신의 업무에서 능력을 발휘하고 있지만 왠지 지난 5년간, 일이 따분했다. 하루 종일 컴퓨터 앞에 앉아 있으면 짜증이 나고 참을성도 바닥났다. 라니는 경제학 전공이었지만 대학원에서는 철학을 전공하기도 했다. 또한 그림을 그리는데도 열정이 있었다. '좀 더 창의적인 일을 할 수 있으면 훨씬 행복할 텐데. 여러 사람들과 함께 일할 수 있는 다채로운 환경이면 더욱 좋고'라고 늘 생각했다.

어느 날 라니는 인근 대학의 구인란을 보게 됐다. 철학과에서 새로운 학습 선도 프로그램의 재무 담당자를 구한다는 공고였다. 라니는 흥분으로 가슴이 마구 뛰기 시작했다. '아니, 내가 정말 원하던 자리잖아! 더구나 내 경력과 정확히 일치하는 자격 조건이라니!'

그것은 마치 자신을 찾는 공고 같았다. 라니는 이력서를 수정하고 주말 동안 지원서 작성을 끝내기로 굳게 결심했다.

그런데 막상 토요일이 되고 나니 처음 공고를 봤을 때의 흥분이 많이 사그라들어 있었다. 자리에 앉아 이력서를 작성하려 했지만 어쩐지 기분이 내키지 않았다. 동기부여도 어느새 사라졌다. 결국 하루 더 기다렸다가 의욕이 생기면 시작하기로 마음먹었다.

성공과 실패를 판가름하는 중요한 잣대는
단 세 마디 핑계로 표현될 수 있다.
"난 시간이 없었어."

- 로버트 J. 헤이팅스, 작가

다음 주가 되자 직장 일이 정신없이 바빠졌다. 매일 밤 퇴근하
고 집에 오면 지원서 작성에 대한 생각이 떠올랐지만 몸이 천근만
근이었다. 진로를 바꿀 생각이 진짜 있기는 한 것인지 자신을 의
심하면서 한편으로 생각하면 어쩐지 말도 안 되는 발상인 것 같았
다. '직장에서 지금 위치에 오르기까지 몇 년이나 걸렸는데 내가
지금 무슨 생각을 하는 거지? 더구나 교직원이면 연봉은 분명 적
을 테고 일은 더 힘들지 모르잖아.'

라니는 이 문제로 3주나 고민을 했다. 그러는 동안 지원 마감
일이 지나버렸다. 아쉬움과 약간의 죄책감이 들었다. 하지만 곧
합리화했다.

'어차피 100% 마음이 가지도 않은 걸 뭐. 나한테 맞는 일이 아
니었을 거야.'

상황을 한번 정리해 보자. 행동을 시도할 기회가 왔을 때 라니
의 저항은 그녀의 앞길을 가로막았다. 동기가 부족하고 불확실
하다는 생각을 끌어모아 결국 아무것도 해보지 않도록 만들었다.

이런 경험은 누구나 무수히 많다. 자신의 부정적인 감정이 기회를 향한 도전을 막는 그런 경험 말이다. 일상의 여러 작은 선택뿐 아니라 인생을 바꿀만한 큰 기회 앞에서도 마찬가지다. 다음 중 익숙하게 들리는 건 없는지 살펴보자.

- 당신은 충분히 열정을 느끼지 못하기 때문에 소설^{또는 그림, 조각, 보석 디}^{자인} 작업에서 하루를 쉰다.

- 퇴근 후 헬스클럽에 가려고 옷을 갈아입는다. 그런데 오늘은 좀 피곤하다.
  '오늘은 TV나 보면서 쉬어야겠어'라며 소파에 드러눕는다.

- 새로운 사람을 만나기 시작했는데 처음부터 느낌이 좋았다. 그런데 한 달 뒤, 뭔가 애매한 생각이 들기 시작했다. 이 기분을 당신은 이렇게 해석한다.
  '나한테 맞는 사람이 아냐. 그냥 그만 두는 수밖에.'

- 극장에서 공연 예정인 어떤 작품을 오래 기다려왔다. 그런데 하필, 일이 바쁜 달에 공연이 시작됐다.
  '연극을 즐기긴 틀렸네. 일 생각하느라 보면서도 마음이 편하지 않을텐데 뭐.'

• 유럽에 있는 친구가 놀러오라며 당신을 초대했다. 좋은 기회라고 기뻐하며 승낙한다. 하지만 여행 준비를 생각하니 도저히 엄두가 나지 않는다. 급기야 친구에게 너무 바빠서 다음에 가겠다고 말한다.

• 이웃에 게임 모임이 있다는 말을 들었다. 한동안 브리지 게임을 배우는데 관심이 많았던 터라 다음 모임에 참석하기로 마음먹었다. 그런데 모임 날짜가 다가오자 낯선 사람들을 대할 생각에 내키지 않는다. 그래서 그냥 집에 있기로 한다.

• 정말 흥미로운 강좌가 개설됐다는 소식을 들었다. ^{동서의학, 미술치료, 갈등해결, 프랑스식 페스트리 굽기, 발명가 되기 등} 강좌에 등록해 공부하고 싶은 마음이 굴뚝같다. 하지만 '앞으로 6주나 여기에 매진할 수 있을까? 해야 할 업무에 지장이 있지 않을까?' 걱정이 앞선다. 그래서 그냥 관두기로 한다.

많은 곳에서 결정을 내릴 때 자신의 배짱과 직관을 믿는 것의 중요성을 강조한다. 선택 앞에서 느낌과 기분을 점검해야 한다는 취지다. 그래서 좋은 기분이 들면 행동하기로, 나쁜 기분이 들면 '내가 느낀 그만한 이유가 있을 거야'라고 믿는다. 알 수는 없지만 눈에 보이지 않는 이유가 있을지 모른다고 생각하는 것이다.

물론 잠정적인 행동을 선택할 때 당신의 즉각적인 기분은 중요한 지표가 될 수 있다. 우리의 접근 방식은 재미있고 새로운 것을 시도하는 것의 중요성을 기반으로 하기 때문에 하지만 일을 진척시키는 데 있어 순간적인 기분이 항상 신뢰할 만한 지표가 되지는 않는다. 문제는 당신의 신경 체계가 익숙하지 않은 상황에 부정적인 감정을 만든다는 데 있다. 이런 경향은 듀크대학교의 심리학자 타냐 차트랜드의 연구에도 잘 나타나 있다.

차트랜드는 사람들이 과거에 효과가 있는 것으로 밝혀진 행동 패턴을 반복하는 경향이 있다는 것을 밝혀 냈다. 차트랜드는 사람들이 무의식적인 목표에 성공하거나 실패할 때 어떤 일이 일어나는지 관찰하는 다양한 연구를 수행했다. 그녀의 연구는 잠재의식이 사람들의 행동에 미치는 영향에 대한 이전의 연구를 기반으로 했다.

컴퓨터 모니터를 보고 있는 사용자에게 단어를 짧게 표시하면 사용자는 단어를 인식하지 못하고 반짝이는 빛만 본다고 한다. 하지만 그 사람이 단어를 인지하지 못했다 해도, 그 단어는 그의 다음 행동에 영향을 미친다는 것이다. 심리학에서는 식역하 점화[3] Subliminal

---

3 알지 못하는 사이에[부지불식간에] 영향을 미치는 잠재의식의 활성화

Priming 라고 한다. 노인의 정형화된 특징과 관련된 단어예: 건망증, 주름, 플로리다를 짧게 본 사람들은, 중립적인 단어예: 자동차, 산, 컵를 본 사람들보다 더 천천히 걸었다. 무례함과 관련된 단어를 본 사람은 공손함과 관련된 단어를 본 사람보다 대화를 중단할 가능성이 더 높았다.

또 다른 차트랜드의 연구에서 참가자들은 사람의 인상을 형성하는 개인 특성예: 의견, 성격과 관련된 단어를 접했다. 대조군에는 중립적인 단어가 제시되었다. 앞의 실험자들은 일관성 없는 특성서투름, 민첩성들이 혼합된 형태의 단어들을 접하게 했다. 참가자는 단어들을 자세하게 식별하기 어려웠다. 그럼에도 불구하고 대조군보다 더 부정적인 기분을 느낀 것으로 보고되었다. 차트랜드는 그것을 미스터리한 기분이라고 이름 붙였다. 말 그대로 자신이 왜 그런 기분을 느끼는지 정확한 이유는 모른다는 뜻이다.

우리는 이 '미스터리한 기분'이라는 표현이 마음에 들었다. 부정적인 기분에 부여하는 지나친 정당화의 실체를 잘 드러내는 것 같았기 때문이다. 누군가 당신에게 왜 취업 가능성을 추구하지 않기로 결정했느냐고 물으면 '나는 그것에 대해 약간의 부정적인 느낌을 받았고 내 직관을 믿기로 결정했다'고 말하는 것이, '기분이 충분히 좋지 않았기 때문'이라고 말하는 것보다 더 그럴듯하게 들리는 것이다.

변화와 불확실성 앞에서 생겨나는 부정적인 기분은 상당한 설득력을 갖는다. '너무 무섭고 지치고 당황스럽잖아. 불안하고 의심도 들고 말이야. 그리고 사실 별로 관심도 없잖아. 그러니까 아무것도 하지 말자'라고 믿게 만든다. 그리고 나면 저항은 쾌재를 부른다. '넌 나를 영영 떨쳐낼 수 없어'라고. 부정적인 기분을 넘어 무언가를 해낼 가망이 없다고 단정 짓는 것이다.

이쯤에서 〈오즈의 마법사〉라는 영화를 떠올려보라. 모두가 마법사를 전능하고 두려운 존재라 믿었지만 커튼이 젖히고 나타난 건 고작 힘없는 노인일 뿐이지 않았는가? 당신의 기분도 마찬가지일 수 있다. 기분의 실체를 드러내기 위해 커튼을 젖히는 유일한 방법은 하지 못할 것 같은, 하지 말아야 할 것 같은 기분에 더 이상 공짜 신뢰티켓을 남발하지 않는 것이다. 그 기분의 실체는 간단한 몇 가지 행동만으로도 정확히 가려낼 수 있다.

작은 행동이 의욕의 스위치를 켠다
Move Your Mood

어떤 일을 하고 싶은 마음이 들게 하는 가장 좋은 방법은 그것을 하는 것이다. 매일 저녁 일과에 변화를 준다고 생각해 보자.

늘 그렇게 해야 한다고 생각해왔다. 컴퓨터 앞에 앉아 인터넷 서핑을 그만두고 산책을 하는 일이다. 물론 밖에서 돌아오면 피곤해서 평소처럼 컴퓨터 앞에 주저앉고 싶은 기분일지 모른다. 하지만 일단 밖으로 나가 걸음을 내딛어 보라. 이내 걷기를 즐기고 있는 자신을 발견할 수 있을 것이다.

직접 행동에 뛰어드는 것은 긍정적인 태도를 불러오는 가장 빠른 방법이다. 뿐만 아니라 익숙하지 않은 일에서 편안한 기분을 느낄 수 있는 유일한 방법이기도 하다. 대중연설을 생각해 보라. 아무리 철저히 준비하고 마인드컨트롤을 해도 별수 없다. 청중 앞에서 프레젠테이션을 하는 처음 몇 번은 떨리기 마련이다. 사람들 앞에서 말하는 게 떨리지 않을 때까지 기다릴 작정이라면 성공적인 프레젠테이션은 절대로 할 수 없다. 새로운 사회 환경, 직업, 인간관계, 창의적 프로젝트를 하게 될 때도 마찬가지다. 불안함과 의구심이 가실 때까지 기다리기만 하면 아무것도 하지 못하고 시간만 허비된다.

진실은 바로 이것이다. 당신이 어떻게 느끼는지가 긍정적인 행동을 취하는 당신의 능력과는 상관이 없다는 것이다.

우리는 좋아하지 않던 일에서라도 놀라운 결과를 만들 수 있다. 우리는 걷고 말하는 것을 배운다. 여자는 아이를 낳는다. 우리는 병든 아이들을 돌보느라 며칠을 꼬박 새운다. 매일 일어나 일하러 간다. 역경에 직면했을 때 행동하는 우리의 힘은 흐릿한 기분을 훨씬 능가한다.

그러므로 일시적인 부정적인 감정 때문에 새로운 것을 시도하고 기회를 잡는 데 방해가 되지 않도록 하라. 두려움을 느끼는 것은 종종 좋은 일이다. 미지의 영역으로 이동하여 자신을 확장하고 개인적 성장을 가져올 수 있다는 신호가 된다.

기분을 움직이는 작은 행동
Move Your Mood

다음에 할 일을 하기 싫어서 하지 않으려고 할 때는,

어떻게 해서든 기분을 바꾸도록 하라. 스스로에게 이렇게 말하라.

"나는 _____ 해서 기분이 좋아질 것이다."

예를 들어,

- **운동을 하기에 너무 축 처진 기분이라면,**

  곧장 피트니스 센터로 가보라. 기분 전환뿐 아니라 기운까지 생길

  것이다.

- **새로 시작한 사업의 잠정 고객에게 다가가기 어렵게 느껴지면,**

  우선 무작정 얘기를 나눠보라. 분명 자신감이 생길 것이다.

- **책을 집필하는 데 더 이상 영감이 떠오르지 않는다면,**

  앉아서 아무것이나 써보라. 창의력이 솟아날 것이다.

- **새로운 직장에 지원하는 일이 벅차게 느껴지면,**

  5분 동안 당신의 이력서를 수정해보라. 진로에 자신감이 생길 것이다.

- **스트레스로 사람들과 관계가 힘들다면,**

  자신을 아끼는 소중한 친구와 대화를 나눠보라. 타인의 존재에 감사함을 다시금 느끼게 될 것이다.

- **복잡한 프로젝트를 맡아 어찌할 바를 모르겠다면,**

  우선 가장 쉬운 작업부터 몇 분 동안 해보라. 프로젝트를 보다 쉽게 관리할 수 있고 문제해결 능력에 대한 자신감을 키울 수 있다. 다음으로 무엇을 하면 좋을지 저절로 떠오를 것이다.

지겨운 중간 과정을 헤쳐 나가라
Walk Through the Malodorous Middle

일이 잘 풀릴 때가 있고 그렇지 않을 때가 있다. 특히 창의성과 불확실성이 동시에 필요한 일이라면 지겨운 중간 과정을 거치기 쉽다. 발전은 더디고 열정은 희미해지며 성공도 멀게만 느껴진다. 전설적인 디자인 회사 아이디오의 CEO 팀 브라운도 그 느낌을 잘 알고 있다. 그는 자신의 업무가 정상에서 그다음 정상으로 우아하게 넘어가는 과정과는 거리가 멀다고 설명했다. 물론 새로운 프로젝트를 시작할 때는 열정과 긍정이 넘친다. 하지만 언제나 어렵고 힘든 중간 과정과 맞닥뜨려야 했다.

디자이너들은 서로 다른 목표를 두고 우왕좌왕하고 여러 다른 디자인을 종합해 신선한 제품으로 선보이는 일은 힘들고 지치는 일이며 이 기간에 낙심하는 것이 일반적인 일이었다.

하지만 그 과정에서 꾸준히 하면 작은 성과로 이어지는 것을 경험했다. 그 성과들은 추진력으로 작용했으며 결국 흥미로운 디자인으로 모아졌다. 어느 디자이너는 상품을 디자인하는 동안 다양한 감정 변화를 기록해 보았다. 차트는 U자 모양의 곡선으로 나타났다. 제일 높은 곳에는 희망이라는 단어가, 제일 낮은 곳에는 통찰의 시간이라고 써 넣었다. 아이디어가 디자인 솔루션에 결합될 때 자신감이라는 또 다른 긍정적인 에너지가 최고조에 이르렀다.

별다른 진척 없이 일을 질질 끄는, 다소 우울한 단계가 저항의 유혹을 받기 가장 쉬운 단계다. 추진력의 속도가 더디고 끝이 불분명해보이기 때문이다. 그럴 때 부정적인 기분은 이렇게 말한다.

"이 일에 흥미를 잃었어. 이 일 자체가 애초에 잘못된 발상이었던 거야. 그게 아니라면 나한테 일을 끝낼 능력이나 적성이 없다는 거겠지."

악취가 진동하는 방을 지나야 한다면 어떻겠는가? 아마 코를 부여잡고 걸음을 재촉할 것이다. 프로젝트에서 지겨운 중간 단계를 지나는 것도 이와 비슷하다. 가장 좋은 해결책은 당신 앞에 놓인 과제를 계속 해나가는 것이다. 그렇게 하면 다시 열정과 창의적 에너지가 솟구치게 되는 때가 온다.

당신이 세운 모든 계획을 철저하게 고수해야 하는 것은 아니다. 중간에 방향을 바꾸는 것은 얼마든지 괜찮다. 가끔은 그 변화의 폭이 매우 크더라도 말이다. 순간의 부정적인 감정 때문에 일을 중단해 버리는 것과 정말 중요한 이유로 일의 방향을 전환하는 것의 차이는 일의 과정을 통해서만 확인할 수 있다. 부정적인 저항의 감정을 느낀 후에 다시 일을 시작하면 알 수 있다는 의미다.

여전히 힘들고 버겁지만 처음 그 일을 시작했을 때와 같은 에너지가 느껴진다면 순간의 저항에 휩싸였을 가능성이 매우 크다. 그렇다면 이제 U자 곡선처럼 전진이 다가올 것을 믿고 그 일을 지속해야 한다.

그릿을 키워라
Build Your Grit

성공에는 근성이 필요하다. 또는 그릿^{grit}으로 불리는 성품이 필요하다. 그릿은 펜실베니아대 심리학자 안젤라 덕워스가 주장한 덕목이다. 덕워스는 투자 은행, 그림, 저널리즘, 학계, 의학 및 법률 분야의 리더들이 비슷한 지능과 재능, 창의성을 가진 사람들보다 훨씬 더 많은 성과를 달성하는가에 대해 연구했다. 그녀는 이 연구에서 성공한 리더들의 공통된 성격을 발견했는데 그것을 '그릿'이라고 이름 붙였다.

"그릿은 장기적 목표에 대한 인내와 열정이라고 정의할 수 있습니다. 도전을 향해 끊임없이 일하는 것이죠. 실패나 역경, 더딘 진척에도 불구하고 일에 대한 노력과 흥미를 잃지 않으면서요. 그릿으로 충만한 사람들은 어떤 일에 대한 성취를 마라톤과 같다고 여깁니다. 이것을 자신의 경쟁력이라고 보는 거죠. 다른 사람은 실망이나 지루함을, 궤도를 바꿔서 일을 그만둬야 할 신호라고 생각해요. 하지만 그릿으로 가득한 사람들은 그래도 하던 일을 계속합니다."

교육 심리학자 벤저민 블룸은 완전학습이론에 지대한 공헌을

한 인물로 알려져 있다. 그는 세계 정상급 피아니스트, 체스선수, 조각가, 신경과 전문의, 수영선수의 발전 과정을 조사했다. 그리고 그들에게 공통적으로 나타나는 세 가지 특징을 분명히 확인 할 수 있었다.

그것은 자신의 분야에 대한 열정, 높은 수준의 성취에 도달하려는 욕구, 많은 시간과 노력을 투자하려는 의지였다. 개인의 성취는 타고난 재능이 중요한 게 아니라 어떻게 행동하는가에 더 크게 좌우된다는 사실을 입증한 연구였다. 연구에 따르면 그릿은 시간이 지남에 따라 형성될 수 있다.

인간이 시련을 견뎌내지 못할까 봐
당신은 두려운 모양인데,
그래도 견뎌낼 거라는 기대만은
버리지 말게나.

- 지그문트 프로이트, 정신분석의 창시자

호주의 한 연구팀은 이 사실을 바탕으로 자기조절 능력이 향상 가능한 것인지 실험했다.

참가자들은 2주마다 심리 검사를 받고 매일 일기를 쓰며 자신의 행동을 기록했다. 프로그램에 참여한 학생 대부분이 자기조절 능력에 향상을 보였는데 예를 들어 담배도 덜 피우고 알코올이나 카페인, 불량 식품의 섭취가 줄어들었다.

또한 충동구매도 덜 하게 되었으며 일을 미루는 습관도 줄어들었다. 연구팀은 자기조절이 시간이 지남에 따라 고갈되기도 하지만 그만큼 충전도 될 수 있는 재생자원이라고 결론 내렸다. 말하자면 그릿이란 사람 몸의 근육과도 같았다. 사용하면 할수록 더 강해지기 때문이다.

당신이 앞으로 어떤 인생을 택할지 예측할 수는 없지만 소중히 여기는 일을 꾸준히 해나가는 법을 배운다면 당신의 그릿 또한 더 단단해 질 것이다.

계획하기 그리고 미뤄두기
Planning and putting it off

그냥 기다리고 있는 사람들에게도 무언가가 주어질 수 있지만,
그것은 노력한 이들이 차지하고 남은 것들 뿐일 것이다.

- 에이브러햄 링컨, 미국 16대 대통령

명문대 철학과 조교수로 재직 중이던 남자는 자신의 첫 책의 집필에 애를 먹고 있었다. 집필의 성공 여부에 따라 종신제가 결정될 정도로 중요한 책이었다. 학교에서는 여러 책임들을 감당하느라 정신이 없었다. 강의도 해야 하고 교수 미팅도 있었으며 학생 관리도 해야 했다. 또 논문 지도와 컨퍼런스 참석도 있었다. 그러니 골똘히 생각하며 글을 쓸 시간이 좀처럼 나지 않았다.

더구나 학과에서 거는 기대는 큰 부담이었다. 그를 예비 스타 교수 쯤으로 여기고 있었기 때문이다. 모든 동료들은 단순히 좋은 책이 아닌, 기념비적인 책이 나올 것으로 기대했다. 이 모든 것들 때문에 마치 온 몸이 마비가 되는 것 같은 기분이 들었다. 더 큰 문제는 단 한 문단도 써내려 갈 수가 없다는 것이었다.

그는 이 두려움에서 벗어나기 위해 전문가의 도움을 구하기로 했다. 먼저 정신분석 전문가를 만났다. 전문가는 1년간의 상담 끝에 교수에게 이렇게 말했다.

"당신은 학문적 저항을 하고 있는 겁니다. 노동자 출신인 아버지와 거리를 두려는 오래된 두려움 때문에 말이지요."

다음 해에는 심리학자의 도움을 구했다. 그는 교수에게 자신을 제한하는 사고패턴을 극복하라는 충고를 해주었다. 하지만 전문가들의 도움에도 불구하고 글쓰기에 대한 일종의 마비 증상은 지난 5년간 나아지지 않았다. 집필은 조금도 진행되지 않고 있었다. 그는 아무것도 하지 않는 자신을 합리화했다. '이렇게 모든 게 엉망인데 어떻게 글을 쓸 수 있겠어?'라고 말이다. 그 즈음, 그는 또 다른 상담가와 만남을 기다리고 있었다.

우리와의 첫 번째 만남에서 그는 집필 때문에 겪는 온갖 고충을 털어 놓았다. 자신의 감정적인 문제나 부정적인 사고패턴, 집필에서 겪는 고차원적인 학문적 도전을 비롯해 책이 성공을 거둬야 한다는 엄청난 압박에 대해서도 설명했다. 그리고 자신이 느끼는 고충을 간단명료하게 그것도 고작?, 단 30분 동안 설명한 자신을 대견하게 여기기까지 했다. 우리는 깊은 생각에 잠긴 채 듣고만 있었다. 그리고 이렇게 말했다.

"제가 해줄 수 있는 건 아무것도 없네요. 그냥 가서 글을 쓰시면 됩니다."

그는 매우 당황스러웠다. 삶의 고달픔에 대한 심리적이고 철학적인 담론을 기대했기 때문이다. 하지만 무슨 이유인지, 이 직설적인 충고는 효과가 있었다. 집에 돌아온 그는 노트북을 꺼내 글을 쓰기 시작했다. 첫날은 20분 동안 글을 썼다. 다음 날 아침에는 조금 더 쓸 수 있었다. 그리고 거짓말처럼 단 며칠 만에 글쓰기에 빠져있는 자신을 발견했다. 그 이후로 쉴 새 없이 글을 쓸 수 있었고 그렇게 6개월 후 책이 완성되었다. 다행히 책은 큰 호평을 받았고 종신 교수로 당당히 추천받은 그는, 자신의 분야에서 권위자가 될 수 있었다.

무엇이 교수로 하여금 글을 쓰도록 만든 걸까? 감정적인 문제의 해결이나 사고방식의 개선도 없었고 더 나은 불안을 조절하는 방법을 발견한 것도 아닌데 말이다. 바뀐 것은 단지 한 가지였다. 그냥 글쓰기를 시작했다는 것. 그는 아직 해결되지 않은 걱정과 염려 속에서 키보드를 치기 시작했다.

사실 사람들 대부분 일을 미루는 데 일가견이 있다. 해야 할 중요한 일이라는 걸 알면서도 좀처럼 시작하지 않는다. 연말정산을 하거나 미래 고객들에게 다가가야 할 때도 있고 호기심을 느껴 새롭게 시도해보고 싶은 일이 있을 수도 있다. 그러나 먼저 계획을 짜고 난 후로 미뤄버린다. 그렇게 다짐을 하고 나면 한결 기분이 좋아져 '하루 쉬었다 해야지'라고 말하기 일쑤다. 저항이 자주 사용하는 가장 친숙하고 교묘한 방법이 미루기다. '그만두라'고 직접적으로 말하는 대신, '상황이 좀 나아지면 하자'라고 유혹하는 것이다.

"걱정 마, 이 소설 쓰는 거, 일단 시작만 하면 아주 끝내주게 할 테니까. 하지만 오늘은 햇볕이 좋으니 산책이나 좀 해볼까."라고 말하는 것이다. 분명, 이 '미루기'야말로 꿈을 앗아가는 일등공신이다.

하루 한 장, 하루 한 개, 하루 한 번이면 된다
Once a Day is Enough

우리 모두 바쁘게 산다. 해야 할 일들이 산더미처럼 쌓인 것처럼. 그래서 저항은 일상을 깨뜨리는 행동에 아예 도전하지 못하도록 수많은 의무를 늘어놓는다.

'논문을 쓰는 게 중요하긴 해. 하지만 가게가 너무 붐비기 전에 장을 봐야지 않을까?', '사업에 필요한 웹사이트 제작을 마쳐야지. 이 모임만 참석하고 나서', '이 암벽 등반 강좌를 들으면 정말 좋을 거 같아. 요번 달 바쁜 일이 마무리되면'이라고 말하기도 한다.

미루는 것은 복잡하고 다양한 형태를 취한다. 그러나 미루는 이유가 아무리 복잡해도 해결책은 매우 간단한 것으로 귀결된다. 가장 중요한 프로젝트에 매일 시간을 투자하는 것이다.

심리학자 닐 피오레는 그의 저서 『나우 - 지금 바로 실행하라 The Now Habit』에서 미루기를 극복하는 방법을 제안했다. '언스케줄 Unschedule' 즉 전체 계획을 짜느라 전전긍긍하는 대신, 30분 분량의 일부터 먼저 끝내는 방법이다.

"작게 생각하십시오. 책 집필을 끝내고 편지를 쓰고 소득세 계산을 마치겠다는 야심찬 계획을 세우지 마세요. 어떤 일에 네 시간이나 계속 매달리겠다는 생각도 버리고요. 대신 30분만 집중해서 양질의 결과를 내겠다는 목표를 세우는 겁니다."

이 말의 핵심은 양질의 일이 우선인 습관을 기르라는 것이다. 잦은 이메일 확인이나 인터넷 서핑 때문에 방해 받지 말라는 말이다. 그렇게 집중해 30분 동안 일을 하고 나면 하고 싶지 않은 내부의 관성이 깨지며 업무에 흥미를 느낄 수 있다. 미루기를 생산으로 바꾼 것이다.

우리 대부분은 중요한 일을 하지 말아야 할 이유를 생각해 내는 데 놀라울 정도로 창의적이다. 일을 미루는 것이 유용한 기술이 아니라는 것은 너무 안타까운 일이지만 말이다! 미루기의 해독제는 이 과정을 반대로 하는 것이다. 즉, 매일 시간을 할애해 가장 중요한 일에 능숙해지는 것이다. 중요한 프로젝트와 관련된 주요 활동 목록을 작성하는 것이 도움이 될 수 있다.

예를 들어, 친환경 비즈니스 관행에 대한 워크숍을 만들고 현장에서 컨설턴트가 될 가능성을 탐색한다고 가정해 보자. 주요 활동 목록에는 다음이 포함될 수 있다.

- 친환경 비즈니스 관행을 주제로 글쓰기
- 친환경 비즈니스 관행에 관한 책, 블로그 및 연구 기사 읽기
- 친환경 비즈니스 관행에 대한 교육 지원
- 친환경 비즈니스 운영에 대한 새로운 사실 알아보기

- 친환경 비즈니스 관행 분야의 전문가와 대화
- 친환경 비즈니스 관행을 촉진하기 위한 새로운 아이디어 제시하기
- 새로운 친환경 비즈니스 관행 개발
- 친환경 비즈니스 관행에 대한 질문
- 친환경 비즈니스 실무 분야에 관련된 사람들과 친목 도모
- 친환경 비즈니스 관행에 대한 새로운 정보 파일 작성
- 친환경 비즈니스 관행에 대해 생산 라인 직원, 비즈니스 소유자 및 기업 관리자와 대화
- 친환경 비즈니스 관행과 관련된 새로운 자원 검색

일하는 데 드는 절대 시간의 양에 너무 얽매일 필요 없다. 단 몇 분 동안 해도 괜찮다. 관련 책을 한 페이지 읽거나, 서류 한 개를 정리하는 식이다. 핵심은 매일 꾸준히 하는 것에 있다.

자신에게 가장 중요한 일을 하는 데 매일 조금씩 시간을 할애하면 기분이 한결 나아진다. 또한 긍정적인 창의력도 덤으로 따라온다. 게다가 주변의 새로운 기회에 더 많은 관심이 생길 것이다. 그러니 더 이상 지체하지 말라. 당장 오늘 자신에게 의미 있고 중요한 일을 시작하라.

오늘은 하나만 한다
Only Do One Today

당신 역시 대부분의 사람과 마찬가지로 집 수리 프로젝트, 피트니스 목표, 창의적인 작업, 사업 개발과 같이 '언젠가는 해야지'라고 생각한 일들의 목록이 있을 것이다.

하지만 시작할 만한 시간이나 동기가 늘 부족했다면 이제 그 일의 목록을 작성해 보자. 여기에 그 예가 있다.

언젠가	오늘
살을 빼야지	오늘 점심은 가볍게 먹어야겠어
부하직원들 사기를 좀 북돋워야겠군	부하 직원인 신디에게 점심을 사줘야겠어 업무 성과를 칭찬하는 의미로 말이야
대출 이자를 갚아야 해	오늘 1달러를 아껴야지
몸매 관리를 해야 하는데	퇴근 후에 산책이나 해볼까?
인간관계를 좀 개선해야 할 텐데	사랑의 마음을 전할 카드를 사야겠어
어린이 동화책을 써야지	버스를 타고 집에 가는 동안 몇 문장 정도 써보면 어떨까
친구들과 다시 연락하고 지내야지	친구 스티브에게 전화를 걸어야지
사업계획을 세워서 밀어붙여야지	내 사업 아이디어에 대해 전문가와 얘기를 나눠봐야겠어

저항은,
우리 삶의 지치고 피곤한 불의를 들춰내는데 더 많은 정신적 에너지를
소비할수록 일을 해야 할 때 필요한 힘이 줄어든다는 것을 알고 있다.

- 스티븐 프레스필드, 『최고의 나를 꺼내라』: 영화 〈300〉 원작자

Overcome Analysis Paralysis

Chapter 5

행동을 방해하는
분석적 사고를 넘어서라

정보를 취합하고 관련 사항에 대해 조사한다.
많은 책과 명망 있는 자기계발 분야 멘토들의
조언도 충실히 참고한다.

하지만 정작 중요한 것은 실제 행동이다.

실행하지 않을 준비와 결심이 무슨 소용인가?

계획에는 박사학위를 가졌어도
실행에는 유치원 아이인데 말이다.

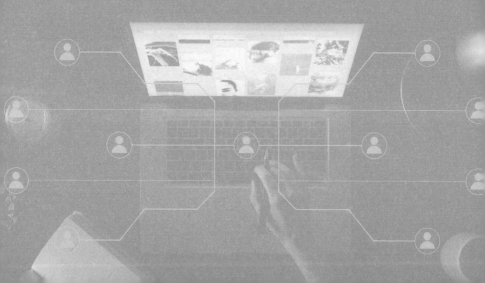

운이 좋은 사람이 되고 싶다면
먼저 마음을 풍요로운 대지로 만드는 것이 우선이다.
아무리 좋은 씨를 뿌려도 기름지지 않은
메마른 땅에서는 싹조차 나오지 않는 법이다.

풍요로운 대지란 마음이 즐거운 상태를 말한다.
감사로 충만한 마음을 갖는 것이 마음을 즐겁게 하는 일이다.
자신이 보고 느끼고 만지는 온갖 사물에 대해,
또 자신이 신세 진 사람에게는 물론
만나는 사람마다 "고맙습니다."라고 감사의 말을 전하면
몸과 마음이 즐거워진다.

'고맙습니다'라는 한 마디 말이
큰 소망과 목표를 달성하기 위한 첫 걸음이라고 생각하고
주변 모든 사물과 누리는 삶 전체에 감사의 마음을 가져라.
누군가 나를 위해 식사를 만들어 주는 일
길에서 만난 사람과 인사를 건네는 일
누군가를 사랑할 수 있는 일 등
작은 일부터 찾아보면 감사할 일이 수없이 많다.
미워하기보다 사랑할 때
비난하기보다 감사할 때 즐거움을 느낄 수 있다.
사랑하고 감사하는 마음으로
몸과 마음을 즐겁게 유지하고
목적 달성을 위해 원활히 움직일 때
소망하는 모든 것을 얻을 수 있을 것이다.

- 샤토 도미오, 『하루 세 번 예스를 외쳐라』

지네는 너무나 행복했어요.
두꺼비가 장난으로 이렇게 말하기 전까지는요.

지네야, 지네야,
너는 어느 발 다음에 어느 발을 내딛는 거니?'

지네는 자기도 너무 궁금해서 궁리궁리 하게 됐어요.
그러다 도랑에 빠지고 말았어요.

어떻게 걸어야 할지 몰라 발이 그만 꼬여버렸거든요.

- 캐서린 크래스터, 시인

깊이 생각하고 사고한다? 글쎄!

To Think Deeply and Think, Well...

> 분명 우연한 기회는 우리 앞에 닥치기 전까지는 예상할 수 없다.
> 그러니 기회 앞에서 YES라고 말 할 수 있도록 스스로를 응원하기 바란다.

제이슨은 캘리포니아 북부의 한 시골 마을에서 자랐다. 그의 가족은 여행을 즐기지 않는 편이다. 가까운 샌프란시스코로 하루 날 잡아 가는 여행을 대단한 모험이라 여길 정도였다. 물론 가족 중에 해외여행을 가 본 사람도 없었다.

그런데도 여행 계획은 늘 짜놓곤 했다. 대학 졸업반 시절, 제이슨은 몹시 여행이 가고 싶어졌다. 곧장 서점으로 달려간 그는 여행 가이드 몇 권을 사서 행선지를 고르기 시작했다. 그리고 4개월에 걸친 다양한 리서치를 통해 목적지를 체코 프라하로 결정했다. 처음엔 그저 몇 주 정도 다녀올 생각이었다. 하지만 생각을 좀 더 해보니 1년 정도 프라하에서 직접 살아보는 게 더 의미 있을 것 같았다. 언어 공부도 하고 말이다. 그렇게 결정하고 나니 더 철저한 준비가 필요했다. 그는 프라하 여행 가이드 책을 눈에 띄는 대로 모조리 사기 시작했다. 프라하의 호텔, 레스토랑, 환전소, 어학원, 철도와 버스노선까지 총망라한 꼼꼼한 조사를 위해서였다. 그렇게 자료를 조사하다보니 체코 문화에 대해 더 알고 싶어졌다. 해결 방법으로 유명한 체코 소설들을 읽기로 했다.

그런데 이상한 일이 벌어졌다. 체코 관련 조사에 시간을 쏟아 부을수록 점점 여행 가능성이 희박하게 느껴지는 것이 아닌가!

일 년 정도의 생활을 위해서는 준비할 것이 정말 너무 많았다. 이런저런 상황에 대비책을 만들어 놓는데 지쳐버린 제이슨은 여행이 처리할 문젯거리로 느껴졌다. 그러니 여행에 대한 기대는커녕 아예 여행을 갈 맛도 나지 않았다.

결국 제이슨은 여행 자체를 취소해버렸다. 온갖 계획을 수개월에 걸쳐 세우기만 했던 셈이다.

제이슨의 일화가 낯익지 않은가? 이런 경우를 우리는 심심찮게 겪곤 한다. 계획을 짜고 결심을 하고 버킷리스트를 만들고 목표를 세운다. 정보를 취합하고 관련 사항에 대한 조사도 덧붙인다. 많은 책과 소위 명망 있는 자기계발 분야 멘토들의 조언에 충실히 따라온 것이다. 하지만 정작 중요한 것은 실제 행동이다. 이런 태도는 마치 계획에는 박사학위를 가졌어도 실행에는 유치원 아이와 마찬가지다. 혹시 당신도 분석에는 전문가지만 실제적인 변화를 가져올 주요 행동을 대담하게 시도하는 데는 서툴지 않은가? 그렇다면 다음에 이어지는 내용에 주의를 기울여 보자.

생각이 당신을 멈추게 한다
Too Much Thinking Can Stop You in Your Tracks

심리학자 배리 슈워츠는 그의 저서 『선택의 심리학 The Paradox of Choice』에서 많은 정보에 노출될 때 일어나는 방해 행동에 대한 여러 사례를 담았다. 그중 하나는 다양한 선택이 소비자의 구매에 어떤 영향을 미치는가에 대한 연구다.

우선 한 식료품점에 두 개의 테이블을 세워 사람들이 잼을 시식할 수 있도록 했다. 한 테이블에는 여섯 종류의 잼을, 또 다른 테이블에는 스물 네 종류의 잼을 놓아두었다. 언뜻 생각하면 종류가 더 많은 테이블에서 잼이 더 잘 팔렸을 것 같다. 하지만 결과는 반대다. 여섯 종류의 잼을 올려둔 테이블에서 10배나 더 높은 판매가 나왔다. 너무 많은 선택권 앞에서 소비자들이 테이블을 그냥 지나쳤다. 사람들은 선택권이 많은 경우 혼란을 더 많이 느꼈다.

많은 이가 자신에게 가장 익숙한 것들을 선호하곤 한다. 더 나은 대안이 있을지라도 말이다. 선택에 대한 또 다른 연구로 토론토대 도널드 레 델마이어 교수와 프린스턴대의 인지심리학자인

엘다 샤퍼 교수의 실험을 살펴보자.

그들은 의사들의 의학적 결정 과정을 연구했다. 그들은 먼저 두 그룹으로 나눈 의료진에게 만성 고관절염으로 고통 받던 67세 환자의 진료 차트를 전달했다. 이 환자는 통증 완화제를 투여 받고 있었지만 효과가 미미했다. 그 후 의사들은 환자를 정형외과로 보내기로 했다는 말을 듣는다. 긴 회복기간이 필요하고 위험 감수가 큰 수술을 받기 위해서다. 이때 의사들은 이 환자에게 투여해 보지 않은 통증완화제가 있다는 소식을 접하게 된다. 당면 문제는 '이 환자를 그래도 수술실로 보내야 하는가? 아니면 약을 먼저 투여해볼 것인가?'이다. 이 상황에 직면한 47%의 의사들은 수술 대신 약 처방을 선택했다.

두 번째 그룹의 의료진 역시 상황은 동일하다. 하지만 이번에는 투약해 보지 않은 두 종류의 통증완화제가 있다는 소식을 듣는다. 환자를 수술실로 보내야 할지, 아니면 두 개의 약 중 하나를 먼저 투여할지 결정할 상황이 된 것이다.

만약 당신이 환자의 입장이라면 어떻겠는가? '몸에 칼을 대는 비싸고 위험한 수술을 받기 전에 시도해 볼 약이 있다면 좋은 거지. 하나도 좋은데 두 개나 있다니 더 잘 된 거 아냐?' 라고 생각할지 모른다. 의사들의 선택도 마찬가지일까?

두 개의 약이 있다는 말을 들은 의사들은 첫 번째 그룹보다 적은 28%만이 수술을 연기하고 투약을 결정했다.

레 델마이어 교수와 샤퍼 교수는 추가 선택권이 의사 결정에 어려움을 일으켰다고 결론 내렸다. 때문에 많은 의사들이 원래 계획대로 수술을 택하게 되었다고 설명했다.

프린스턴대의 샤퍼 교수는 스탠퍼드대의 앤서니 바스타디와의 공동연구에서 분석 혼란의 또 다른 특징을 제시했다. 「불필요한 정보의 추구와 남용 On the Pursuit and Misuse of Useless Information」논문에 실린 '그다지 중요하지 않은 정보가 의사결정에 어떤 영향을 미치는가'에 대한 연구를 살펴보자.

실험 대상자들은 모두 대학생으로 이뤄진 그룹이다. 이들은 프린스턴대 입학 합격자로서 어떤 지원자가 적합한지 평가하는 역할을 맡았다. 첫 번째 그룹의 학생들이 평가할 지원자는 학교 축구팀 선수로 활약했고 든든한 추천장이 있으며 학교 신문의 편집장으로 일한 경험이 있었다. 또 미 대학 수학능력시험 SAT에서 총 1,250점을 획득하고 내신 평균 성적 B의 지원자였다. 실험 참가자 57%는 이 지원자에게 입학 허가를 내려도 좋다고 평가했다.

두 번째 그룹의 학생들도 동일한 지원자를 평가했다. 하지만한 가지 조건에 차이가 있었다. 지원자의 내신 성적 보고가 확실하지 않다는 점이었다. 학생의 상담교사가 제출한 것은 평균 B였지만 대학교 행정실에서 보고한 성적은 평균 A였다. 학생들은 대학에서 점수를 확인하는 중이며 며칠 내로 정확한 성적을 보고 받게 될 것이라는 말을 들었다.

바로 이 상황에서 학생 평가자들은,

❶지금 해당 학생의 입학 허가를 내릴 것인가? ❷불합격 처리할 것인가? ❸명확한 점수가 나올 때까지 기다릴 것인가?라는 세 가지 경우 중 하나를 결정해야 했다.

최종적으로 74%의 평가자들은 점수를 기다리겠다고 답했다.

잠시 후, 확실한 점수를 기다리겠다는 평가자들은 지원자의 정확한 평균 점수가 B라는 사실을 듣게 되었다. 이제 지원자의 합격 여부를 판단할 수 있다. 첫 번째 연구 집단에서는 평점이 같은 지원자를 절반이 넘게 합격시켰다. 아마 비슷한 결과가 나올 것이라고 예상할 수도 있을 것이다. 그렇다면 결과는 어떻게 됐을까?

과반수가 넘은 54%의 실험참가자들은 해당 지원자를 불합격 처리했다. 이유는 간단했다. 내신 성적을 기다리는 것이 의사결정의 핵심 문제가 되었기 때문이다.

샤퍼와 바스타디의 연구가 제시한 것은 이렇다. 사람들은 추가적인 정보를 얻기 위해 의사결정을 미룰 수 있는 기회가 오면 이를 쉽게 택한다는 것이다. 하지만 막상 그 정보를 얻게 되면 그 정보가 과대평가되어 의사 결정에 혼란을 빚는다.

정보를 추려내는 과정은 단순히 혼란을 줄 뿐 아니라 완전히 지치게 만들 수도 있다. 연구 결과에 따르면 의사결정을 내리는 과정 자체가 에너지를 빼앗아 막상 행동하기 어렵게 만든다는 것이다.

　미네소타대 심리학자인 캐틀린 보스와 동료들은 '의사 결정이 업무 실행에 어떤 영향을 미치는가'에 대한 연구를 시작했다. 먼저 두 그룹으로 실험 대상자를 나눴다. 그중 한 그룹의 사람들은 다양한 색깔의 색연필 중 한 개를 고르라는 요청을 받았다. 다음에는 여러 종류의 티셔츠 중 한 벌을, 대학의 여러 강의 중 한 곳에 수강신청을 선택하도록 했다.
　나머지 한 그룹은 실험을 기다리도록 지시했다. 이제 두 그룹의 참가자 모두에게 자제력이 필요한 특이한 과제 하나가 주어졌다. 불쾌할 정도로 차가운 물에 '얼마나 손을 오래 담글 수 있는가' 같은 것들이었다. 그 결과 선택을 요청받지 않은 그룹이 의사결정을 내려야 했던 그룹보다 더 오랫동안 손을 담글 수 있다는 결론에 도달했다.

　세상을 보는 방법은 두 가지가 있다.
　하나는 아무 것도 기적으로 보지 않는 것이고
　하나는 모든 것을 기적으로 보는 것이다.

- 아인슈타인, 물리학자

그의 또 다른 연구는 다양한 선택 사항 중 하나를 고르는 과정이 수학 문제를 푸는 능력에 어떤 영향을 미치는지 살펴보았다. 수학 문제를 풀기 전, 의사결정 과정을 거친 참가자들은 그렇지 않은 이들에 비해 문제풀이 능력이 떨어졌을 뿐 아니라 포기도 쉽게 하는 태도를 보였다. 따라서 선택을 하는 과정이 사람들의 에너지를 고갈시켜 행동을 시작하지 못하게 하고 자제력을 저하시킨다는 결론을 내렸다.

해당 연구 결과를 통해 불필요하게 깊은 사고와 분석과정이 우리의 행보를 방해한다는 것이 입증된 셈이다. 정보를 수집하고 의사결정에 많은 시간을 투자했을 때 겪을 수 있는 것들은 다음과 같다.

- 더 많은 혼란을 야기하며 행동을 망설이게 한다.
- 현 상황을 고수하려는 경향이 커지고 더 나은 대안마저 무시해 버리게 만든다.
- 사소한 문제로 편견을 갖게 한다.
- 도전이 필요한 상황에서 행동을 시작하고 인내할 수 있는 에너지가 부족하게 된다.

행동하는 사람이 되길 원하는가? 의미 있는 경험과 다양한 기회들로 가득한 삶을 살며 끊임없이 배우고 성장하는 그런 사람 말이다. 그렇다면 지나친 사고와 분석으로 자신감과 에너지를 고갈시키는 일을 중단하라.

의사결정의 크기를 줄여라
Shrink the Decision

종종 우리는 결정에 앞서 세세한 부분까지 깊게 생각한 후에 행동에 옮기라는 조언을 듣곤 한다. 피아노 레슨이나 대학원에 가는 일, 뉴질랜드로 휴가를 떠나는 일 따위라도 말이다. 만약 이 조언을 진지하게 따르는 사람이라면 최근 흥미를 느낀 일에 지원하기에 앞서 다음과 같은 사항을 고려할 것이다.

- 그 일은 보람 있을까?
- 내 능력이 그 업무에 적합할까?
- 그 직업은 앞으로 얼마나 전망이 있을까?
- 충분한 보수를 받을 수 있을까?
- 지금 내 삶에 많은 변화가 필요할까?
- 몰입할 정도의 흥미를 느낄 수 있을까?
- 경제 전망을 감안할 때 현재 직업을 그만두는 게 현명할까?

그러나 이런 분석을 통해 '행동할 것인가? 하지 않을 것인가?' 를 결정하는 것은 문제가 있다. 당신의 결정을 기회비용이 크고 복잡한 문제로 만들어버리기 때문이다. 새로운 일을 시도할 때는 '입사지원서를 내볼 만큼 충분히 관심이 가는가?' 정도만 물어보면 된다. 한 시간 정도만 투자하면 되는 충분한 문제다. '이 직업에 평생 종사해야 하나? 경제적인 안정과 행복에는 무리가 없을까?'를 미리 결정할 필요가 없다. 상황은 변하기 마련이며 그 역시 어떻게 진척될지 모르는 일이다. 또한 이런 장기적인 문제를 필요 이상으로 걱정하기 시작하면 결국 혼란에 빠지고 지치게 된다. 좀처럼 아무것도 하지 못하는 상황에 놓이고 마는 것이다.

그렇다면 방법이 없을까? 큰 결정의 부담에 빠져 허우적대는 것을 피할 방법 말이다. 해답은 의외로 간단하다. 결정을 감당해볼만한 작은 크기로 줄이는 것이다. 지금 결정이 한 달 혹은 1년이나 5년 후 어떤 영향을 미칠지 고민하는 대신, 간단한 단계를 시도해보라. 그리고 자신에게 이렇게 질문해본다.

'나는 이 일을 더 알아보고 싶어 하는가?'

미래에 커다란 영향을 미치는 복잡한 문제에서도 마찬가지다. 언제나 기회비용이 적은 간단한 단계를 먼저 시도하라.

의사 결정의 크기를 줄이는 방법
Shrink the Decision

어려운 결정을 내려야 할 때는 어떻게 해야 할까? 직장의 스카우
트 제안이나 새로운 도시로 이동해야 하거나, 장기 프로젝트에 참
여하는 일 등을 결정할 때 말이다.

그럴 때는 자신의 시야를 넓혀 줄 작은 실험적 단계를 거쳐봐
야 한다. 그런 다음 스스로에게 물어보라. '더 자세히 알아보기 위
해 이 단계를 수행할 의향이 있는가?'

큰 결정	크기를 줄인 결정
정말 진로를 바꿔야 할까?	진로를 바꿔본 사람에게 질문이나 해볼까?
다시 풀타임으로 일해야 할까?	풀타임으로 일하면 어떨지 하루 동안 가 있어 볼까?
정말 피아노를 배워 볼 마음이 있을까?	피아노 레슨을 1회만 받아볼까? 얼마나 재미있을지 말이야.
다시 대학원에 돌아갈까?	수업을 하나 만 들어볼까?
정말 교회를 다녀야 하나?	교회에서 여는 이벤트에 한번 참석해서 사람들이나 만나볼까?
다시 연애를 할 수 있을까?	누군가와 차나 한잔 마셔볼까?
이 사람과 오랫동안 함께 살 수 있을까?	그 사람을 다시 한번 만나볼까?
나 혼자 창업을 시작해볼까?	창업 컨퍼런스에 한번 참여해 볼까? 혹시 좋은 기회가 생길지도 모르잖아.

햇볕을 쬐어야 할 시간인가요?
Is It Time for Some Sun?

필자인 존이 어떻게 스탠퍼드대에서 일하게 되었는지는 의사결정의 크기를 줄이는 훌륭한 예가 된다.

존이 미시간주립대에서 부교수로 재직했을 때의 일이다. 어느 날 존은 뜻밖의 편지를 받았다. 편지의 발신인은 스탠퍼드대였는데 교육대학원의 교수직을 뽑는 인터뷰에 존이 후보자로 올랐다는 내용이었다. 편지에는 인터뷰에 필요한 경비를 부담할 테니 인터뷰에 참석해달라는 요청이 담겨 있었다. 지원한 적도 없는 곳에서 그런 내용의 서신을 보내왔다는 사실에 놀라지 않을 수 없었다.

당시 존은 매우 만족스러운 삶을 살고 있었다. 열의가 넘치는 동료학자들과 함께 일하고 있었을 뿐 아니라 매우 흥미로운 리서치 프로젝트에도 참여하고 있었다. 학부 내에서도 명망이 높았고 최근에는 승진도 했다. 더불어 존은 아내와 함께 지역사회 인사로 자리를 잡아가고 있었다. 집도 장만했을 뿐 아니라 아이도 곧 태어날 예정이었다. 다른 곳에서 일을 시작한다는 건 상상도 못 할 상황이었다. 존은 인터뷰에 응할지를 두고 무척 고민이 되었다. 삶에 큰 결정이 될 수도 있는 일이기 때문이었다.

'만약 그곳 대학으로 옮기면 가족 모두를 데리고 낯선 곳으로 가야겠지. 학교에서도 자리를 잡으려면 처음엔 꽤나 힘들 거야. 진행 중인 프로젝트에 부정적인 영향을 미칠지도 몰라. 다른 교수들과의 관계도 힘들 수 있고. 더구나 사립대학교인데 괜찮을지 모르겠네.'

생각을 깊이 할수록 끊임없는 걱정거리가 몰려왔다. 다행인 것은 존은 이내 생각을 멈추고 세세한 문제에 신경을 쓰지 않기로 했다는 점이다. 당시에 존이 있던 미국 중서부는 춥고 우중충한 12월이었다. 그는 이렇게 마음 먹기로 했다. "겨울이 지나려면 아직 몇 개월이나 남았잖아. 이 참에 햇살 좋은 캘리포니아로 공짜 여행이나 다녀오면 좋겠네."

가벼운 마음으로 짐을 챙긴 존은 캘리포니아에 도착해 스탠퍼드대로 향했다. 그리고 인터뷰가 시작됐다. 얘기를 나누는 동안 존은 앞으로 자신이 맡게 될 학부의 전망이 너무나 밝다는 사실에 매우 놀랐다. 또한 스탠퍼드대 교수 대부분이 활기찬 성격에 열정으로 가득 차 있다는 사실을 알 수 있었다. 그 자리에서 학장은 존에게 새로운 리서치 제안까지 했다. 카운슬링에 대한 조사였는데 그 분야는 존이 미처 생각해보지도 못한 분야였다. 지금 있는 대학에서는 전통적인 교육심리학 계통의 리서치만 할 수 있었기 때문이다. 새로운 분야에 대한 학장의 설명을 모두 듣고 나자, 연구에 대한 강한 의욕이 솟았다. 더구나 그곳 캠퍼스는 굉장히 아름다웠다. 팔로알토 지역의 조용한 교외 마을에 위치한 학교는 존의 마음을 흔들기에 충분했다. 그곳에서 보낸 며칠간의 여행은 정말 만족스러웠다.

집으로 돌아온 존은 미시건 주립대의 동료들과 의견을 나누기 시작했다. 이 기회를 어떻게 생각하는지 그들의 의견이 궁금했다. 몇몇은 그곳에 가려면 너무 많은 변화가 필요해 보인다며 그냥 있는 것이 좋겠다고 했다. 또 다른 동료 몇은 이 기회를 놓치면 후회할 것이며 만약 그곳에 자리가 생기면 자신을 소개해 달라는 부탁까지 해왔다.

얼마 후 스탠퍼드대에서는 존에게 교수직 최종 제안을 해왔고 그는 제안을 기꺼이 받아들였다. 돌이켜 보면 이 결정은 그의 인생에서 정말 현명한 선택이었다. 존은 그때를 회상하며 우스갯소리로 우리에게 이렇게 말하곤 했다.

"조언을 하는 사람들은 때때로 자신이 원하는 것을 상대에게 제안하더군. 먼저, 조언을 구하는 당사자에게 무엇이 제일 좋은 선택인지 찾기보다는 말이지."

기회가 찾아온다면 "예"라고 답하라
Say Yes to Opportunity

삶의 상황은 종종 지체되는 것을 허용하지 않는다. 그리고 확실히 가장 좋은 길을 결정할 수 없을 때 우리는 조금 더 좋아 보이는 길을 따라야 한다. 이런 마음가짐은 가치 있는 삶을 추구하는 사람들이 흔히 느끼는 후회와 회한에서 자유로울 수 있도록 했다. 가치 있는 일이라 여겼는데 나중에 나쁜 것으로 판단될 수 있다는 가능성이 만들어내는 결정 장애를 방지할 수 있기 때문이다.

- 르네 데카르트, 『방법론』

결정에 앞서 종종 우리는 그 행동의 득과 실을 비교해보곤 한다. 대학원에 등록을 해야 할지, 탱고 레슨을 받아야 할지, 평화봉사단에 들어야 할지 말지 같은 사소한 문제에서도 마찬가지다. 이때, 만약 득이 실보다 많으면 택하고 그 반대라면 시도조차 하지 않는 경우가 많다.

득과 실로 행동을 결정할 때의 문제점은 부정적인 편견에 사로잡히기 쉽다는 데 있다. 사실 사람은 기회를 포착하는 능력보다 위험을 감지하는 능력이 더 뛰어나다. '실'에 '득'보다 높은 프리미엄을 붙이기 때문이다. 또한 부정적인 자극에 훨씬 더 강한 반응을 보인다. 바로 이 점 때문에 YES보다 NO라는 이유를 더 잘 찾는다.

당신의 부정성 편향을 극복하는 간단한 방법은, 우리가 '하나의 YES는 3개의 NO'의 법칙이라고 부르는 것을 적용하는 것이다. 이 아이디어는 당신이 무언가를 할지 말지를 고려할 때 각각의 긍정적인 이유에 각각의 부정적인 것보다 3배 더 많은 가중치를 부여한다는 것이다. 우리는 정말로 나쁜 생각이 몇 가지 있다고 규정해야 한다. 예를 들어, 고속도로에서 서플보드 게임을 하거나 Chia Pets[4]에 평생 모은 돈을 투자하는 것 등은 배제해야 한다. 건강과 생계에 심각한 위험이 되지 않는 상황에서만 이 규칙을 적용해야 한다.

사진 수업에 등록하려고 생각하고 있다고 가정해 보자. 코스는 재미있을 것 같지만^{긍정적} 집에서 멀리 떨어진 곳에서^{부정적} 불편한 시간에^{부정적} 제공된다. 당신의 성향은 수업을 듣지 않는 것이지만, '하나의 YES는 3개의 NO' 규칙을 적용하여 등록하기로 결정한다.

득과 실을 가늠해보는 것에는 또 다른 문제점이 있다. 그것은 바로 자신이 이미 알고 있는 사항만을 놓고 평가한다는 점이다. 앞서 말했듯 우리 대부분은 잠정적인 위험을 감지해내는 데 선수다. 직접적이거나 간접적으로 알게 된 이유를 들면서 말이다. 예를 들어보자.

---

4   미국 스타일의 조각상들에 Chia 싹을 틔우곤 했는데, 그 싹은 동물의 털이나 털을 닮기 위해 몇 주 안에 자란다

비즈니스로 알게 된 지인 한 명이 평소 당신이 사회적 기업 정신에 관심이 많다는 사실을 알게 되었다. 그리고 그 주제로 자신의 회사에서 프레젠테이션 해줄 것을 부탁해왔다. 평소 좋아하던 주제에 대해 프레젠테이션을 한다니 기분이 몹시 들떴다. 하지만 다시 생각해 보니 파워포인트로 준비해 둔 자료가 없어서 많은 작업이 필요해 보였다. 더구나 관련된 최신 뉴스 몇 개 정도는 짚고 넘어가야 하는데 다음 주까지 도저히 해낼 여유가 없을 것 같다.

하지만 여기서 NO가 아닌 YES를 고려하면 어떻게 될까?

우선, 이 프레젠테이션은 새로운 사람을 만날 기회가 될 것이다. 해보지 않은 일을 경험할 수도 있고 어쩌면 지금까지 모르던 깊이 있는 정보를 얻을지 모른다. 그러니 이 자체만으로 프리미엄을 붙이기에 충분하지 않은가?

득과 실로 상황을 판단하면 분명 이미 습득되어 있는 실에 대한 프리미엄이 올바른 판단을 가로막았을 것이다. 우연한 기회는 우리 앞에 닥치기 전까지는 예상할 수 없다. 그러니 기회 앞에서 YES라고 말 할 수 있도록 스스로를 응원하기 바란다. 자신을 예기치 않던 기회로 이끌만한 선택을 했다면 스스로 그 행동에 프리미엄을 붙여라. 그리고 새로운 경험과 배움, 새로운 관점, 새로운 사람들을 만나는 일을 시도한 자신을 칭찬하라.

NO의 결과 값
Consider the Cost of Saying No

득과 실을 고려해서 어떤 일을 시도하지 않기로 했을 때 빠지는 함정은 디폴트 결과default outcome, 즉 '아무것도 하지 않기로 결정하면 어떤 일이 생기는가?'에 대해 생각하지 않는다는 점이다. 여기서 감수해야 할 가장 큰 위험요소는 변화를 거부할 때 야기되는 자신의 미래일 수 있다. 아래와 같은 경우로 사고를 이끌어 보자.

- **친구, 혹은 사교 모임에 참여할지 고민 중이라면,**
  혼자 외롭게 사는 삶을 생각해 보라.

- **다른 회사 입사 지원을 고민 중이라면,**
  현재의 직장을 앞으로 1년, 5년, 혹은 평생 다니는 것을 떠올려 보라.

- **프로젝트를 맡기에 망설여진다면,**
  새로운 것을 배울 기회가 전혀 없다고 생각해 보라.

- **자신을 초보자라고 인정하고 남들 앞에 서는 게 걱정된다면,**
  평생 전문가 수준에 도달하지 못했을 때 어떤 기분일지 상상해 보라.

• 시간이나 비용이 아까워 재미있는 일을 시도하기 꺼려진다면,
매일 밤 TV를 보고 인터넷 서핑만 하는 삶을 그려보라.

짜증나는 상사로부터 얻은 교훈
Inspired by her Annoying Boss

메건은 건설회사에서 계약 전문 매니저로 안정된 직장 생활을 하고 있었다. 동시에 자신이 직접 회사를 차리는 꿈을 꾸며 자격증과 정식 사업등록도 준비해 놓았다. 하지만 창업에 따르는 위험과 불확실성이 그녀를 늘 불안하게 만들었다. 그것은 수년간 꿈꾸며 여러 준비를 마치고도 회사를 그만 둘 수 없는 이슈가 되곤 했다.

메건의 직속 상사는 그녀를 정말 힘들게 하는 사람이었다. 업무분장 담당자였던 상사는 직원들의 사정을 봐주는 일이 없었다. 거기다 직원들끼리 화기애애한 모습만 봐도 업무에 집중하지 않는다며 나무라기 일쑤였다. 그렇게 직원들 사이의 대화는 금하면서 정작 자신의 개인적인 얘깃거리는 말하고 싶어 안달하곤 했다. 자신의 집에서 열린 파티나, 집에서 기르는 반려견 이야기, 32켤레나 되는 디자이너들의 구두가 얼마나 좋은지 등 헤아릴 수 없는 많은 개인적인 이야기에 대해 수다를 떠는 일을 너무 좋아했다.

회사를 그만둘 절차를 밟아봤지만 두려움 때문에 그만둘 수 없었던 메건은 3년 뒤, 상사와 대화하는 장면을 상상해봤다. 그녀는 분명, 여느 때처럼 메건의 자리로 와서는 "내가 새로 산 배드민턴 화를 보여줬던가? 이게 프라다 명품이거든"이라고 말할 것이다. '앞으로 수년 동안 이 상황을 참으며 회사를 다닐 수 있을까?

5년 뒤, 아니 단 1년이라도 참을 수 있을까?' 결국 이 상상은 직장을 그만두게 된 결정적 도움이 되었다.

지금 그 자리에 앉아 득과 실을 따지기에 앞서 NO라고 결정 내린 것을 하지 않을 때 어떤 결과가 따르는지 생각해 보기 바란다.

강인하고 긍정적인 태도는 그 어떤 특효약보다
더 많은 기적을 만들어 낸다.

- 라이언 바비노

다이빙대에 뛰어들라
Jump on a Springboard

앞서 언급한 제이슨을 기억하는가? 체코의 프라하 여행을 그만둔 사례의 주인공 말이다. 여행 포기 후 약 10년 뒤에 그는 베이징에서 여행 중인 친구 한 명으로부터 초대를 받았다. 물론 그 무렵 제이슨은 이미 몇 차례 해외여행을 했다. 그리고 해외여행의 핵심은 비행기 티켓 사기임을 깨달은 후였다. 일단 티켓을 사기만 하면 나머지는 저절로 이뤄진다는 것을 경험한 것이다. 친구의 초대를 받자마자 제이슨은 당장 중국행 비행기 티켓을 샀다. 그리고 긴급 비자도 발급받았다. 그렇게 도착한 중국에서 너무나 즐거운 시간을 보낸 나머지 예상에 없던 5주씩이나 머물렀다고 한다.

중국 여행을 준비한 제이슨의 태도를 우리 필자들은 '다이빙대에 뛰어들기'라고 부른다. 고려할 선택 사항이 너무 많아 혼란스러운 상황의 대처법이기도 하다. 이 행동의 핵심은 선택 사항을 단순화하고 행동으로 옮기는 것에 있다. 즉, 여행을 준비할 때는 '티켓을 사는 것'이 바로 다이빙대 역할이다. 일단 항공권을 예약하고 나면 호텔 예약과 전체적인 여행 일정 계획을 준비하기 쉽다. 이렇게 핵심 사항에 집중하고 곧바로 행동으로 옮기면 불필요한 분석에 자신을 끊임없이 가둬두지 않을 수 있다.

물론 중요한 문제 앞에서는 모두가 망설이고 겁을 먹기 마련이다. 그럴 때는 가까운 주변 사람들에게 확정된 결정 사항을 공유하면 조금의 도움을 받을 수 있다.

사실 최고의 다이빙대는 어느 정도 외적인 다짐을 포함하고 있다. 예를 들면, 회의 시간 정하기, 예약하기, 코스 등록하기, 첫달 멤버십 비용 지불하기, 친구와 약속하기와 같은 것들이다.

앞으로 나아가려면 다이빙대에 뛰어들라
Jump on a Springboard to Leap Ahead

- 승진을 하기 위해 큰 프로젝트의 리더역할을 맡고 싶다는 의사를 상사에게 밝히고 싶다. 지난 몇 개월간, 대화를 어떻게 시작해야 할지 전전긍긍해왔다.

'너무 내 주장만 강조하지 않으면서 자신감 있게 보이려면 어떻게 해야 할까? 회사에 내 기여도를 드러낼 가장 좋은 방법은 무얼까? 만약 상사가 비협조적으로 나올 경우 어떻게 대처해야 할까?'

하지만 이런 방식으로 문제에 해답을 구하다가는 정작 행동이 힘들다.

다이빙대 행동: 지금까지 고민이면 충분하다. 더 이상 복잡한 문제 찾기를 그만두고 지금 당장 상사와 미팅 약속을 잡는다.

- 당신의 집은 늘 발 디딜 틈 없이 어질러 있다. 물건을 좀 정리해보려 했지만 쉽지 않다. 해야 할 일 목록까지 작성하고 청소 계획까지 세웠는데도 말이다.

  다이빙대 행동: 앞으로 2주 안에 친구들을 저녁식사에 초대한다.

- 가족들과 함께 캠핑을 가려고 여행 계획을 짜는 중이다. 하지만 언제부터 휴가를 낼 것인지, 캠프용품은 뭐가 필요할지, 여행 기간 동안 집안 화초 관리는 누구에게 부탁할 것인지 등 결정할 사항이 너무 많다.

  다이빙대 행동: 캠핑장 예약을 한다.

- 차고 안이 온갖 잡동사니로 꽉 차 있는 바람에 차를 세워둘 자리조차 없다. 이 난장판을 정리하기가 겁나 몇 달 동안 애를 태웠다.

  다이빙대 행동: 구세군에 전화해 트럭을 보내달라고 요청한다. 그리고 다음 주 토요일 물건을 싣고 가달라고 부탁한다.

- 비영리 단체를 위한 재정관리 워크숍 준비 중이다. 엄청나게 많은 시간을 투자했지만 마무리 작업에 애를 먹고 있다. 조금 더 고치면 좋을 부분들이 자꾸 눈에 띄기 때문이다. 추가로 넣으면 좋을 법한 주제들이 계속 떠오른다.

  다이빙대 행동: 단체에 연락해서 프레젠테이션 일정을 확정했다고 전달한다.

- 당신은 이제 본격적으로 일을 시작한 디자이너다. 최고 작품을 담을 포트폴리오 작성에 애를 먹고 있다.

  다이빙대 행동: 다가오는 전시회 중 자신의 작품들을 선보일 수 있는 부스를 찾는다.

- 작년 한 해 동안 당신은 인생설계 상담사로 일하고 싶다는 생각을 해왔다. 그런데 도저히 시작할 엄두가 나지 않는다.

  다이빙대 행동: 잠재 고객을 만나기 위해 일주일에 이틀간 쓸 수 있는 사무실을 임대한다.

- 사업이 성장하여 직원을 한 명 고용하려고 한다. 지난 몇 달 동안 신중하게 생각했고 마침내 결론을 내릴 수 있었다. 그다음부터 몇 달 동안 어디서 인재를 채용할지, 어떤 직원을 뽑아야 할지 고민 중이다.

다이빙대 행동: 직원을 고용한다는 공고를 구인란에 즉시 올린다.

해서는 안 되는 수백 가지 이유는 없다
If You Rent It, They Will Come

2005년, 아이패드와 안드로이드 태블릿 시대가 오기 전부터 짐은 새로운 전자기기 상품에 대한 아이디어를 갖고 있었다. 열성적인 아마추어 사진 작가였던 그의 주변에는 천여 장의 사진을 담아놓은 메모리카드 십여 개가 언제나 놓여 있었다. 그리고 그 수는 점점 늘어나고 있었다. 앞으로 사진은 더 늘어날 텐데 어떻게 그 많은 사진들을 관리하고 감상해야 할지 뭔가 방법이 필요해 보였다.

'얇고 휴대 가능한 디지털 사진 저장 장치를 만들 순 없을까? 개인 사진 전체를 한꺼번에 담을 수 있고 고화질 LCD화면이 장착돼 사진을 볼 수 있는 그런 장치 말이야.'

사실 짐은 10년 전, 디스크 컨트롤러를 생산하는 하드웨어 제조 회사인 3Ware를 공동 설립했고 1억 5천만 달러에 인수되었다. 짐은 회사 지분을 매각한 후 다음 사업을 찾기 시작한 상황이었다. 이후 그는 디지털 사진 저장장치에 대한 생각을 사업으로 확장하기로 결심했다.

그러나 얼마 후 자신이 사업 진행에 필요한 이런저런 잡다한 업무에 지나치게 파묻혀 있다는 것을 깨달았다. 우선 제품에 쓰일 주요 전자부품에 대한 리서치가 필요했고 해외 원자재 공급처도 찾아야 했다. 하드웨어 디자인과 소프트웨어 설계 방식도 정해야 했고 마케팅 경로도 개척해야 했다. 물론 사업에 필요한 자금 확보도 빼놓을 수 없었다. 바쁘게 돌아가는 하루에도 언제나 처리해야 할 준비 작업은 끝이 없었다.

그러다 자신이 조사와 의사결정 과정에 너무 많은 시간을 낭비하고 있다는 사실을 깨달은 것이다. 짐은 이 문제에 해결 방법으로 시내에 사무실을 내기로 했다. 결연한 의지를 다지기 위해서였다. 사무실은 스탠퍼드대 근처에 있는 팔로알토 지역으로, 신생 사업가들이 많이 모이는 곳으로 정했다.

'일단 내 아이디어를 펼칠 장소가 생기면 필요한 추진력도 생기겠지.'

짐의 생각은 틀리지 않았다.

사무실을 얻자마자 일이 진행되기 시작했다. 우선 짐의 예전 회사에 근무하던 엔지니어 한 명이 사무실을 찾아왔다. 그리고 책상 위에 놓인 전선으로 가득한 회로 기판을 보고는 곧장 짐의 프로젝트에 반해버렸다. 그렇게 회사의 대표 디자이너가 생겼다. 또 기술산업 계통에서 일하는 친구 몇몇을 사무실로 초대했는데 그중 한 명이 메모리카드 제조업의 회장님과 만남을 주선해 주는 것이 아닌가! 회장은 짐과의 만남에서 프로젝트에 홀딱 반한 나머지 100만 달러를 흔쾌히 투자했다.

그 후, 짐과 동료 엔지니어들은 밤낮으로 일했다. 그로부터 약 3개월 뒤, 드디어 사진 저장 장치의 첫 샘플이 탄생했다. 다소 무거운 케이스와 기본적인 사용자 인터페이스_{데이터 입력과 동작 제어를 위해 사용하는 명령어 또는 기법}로 이루어진 기계였다. 좀 더 정비된 샘플은 2개월 뒤에 완성되었다. 짐은 이 샘플을 대형 전자제품 업체의 구매 담당자들에게 선보이기로 했다. 샘플을 본 기업의 담당자들의 반응은 상당히 긍정적이었다. 짐은 곧바로 본격적인 상품 제조를 위해 필요한 1,000만 달러를 모으는 작업에 착수했다. 10여 곳의 벤처캐피탈 회사에 자신의 샘플을 선보이자 몇 곳에서 관심을 보이고 구체적인 협의를 위해 다시 오라는 제안이 있었다. 하지만 안타깝게도 어느 곳도 최종적인 투자 결정은 내리지 않았다. 수개월 동안 오로지 투자만을 위해 뛰어다녔지만 결과는 같았다. 결국 짐은 패배를 인정해야 했다.

실리콘밸리에서는 '실패가 성공의 지름길'이라는 말이 있다. 더 빠르게, 더 자주 실패할수록 획기적인 아이디어가 나오거나 엄청난 성공을 거머쥘 기회가 되기도 하기 때문이다. 생각해 보자.

만약에 짐이 사업 계획을 세우고 준비를 하는데 온통 시간을 소비해 버렸다면 실패라는 결론은 몇 년 후에나 깨닫게 되었을 것이다. 하지만 짐은 사무실을 얻었고 사람들을 영입했으며 자금도 유치했다. 전력공급약정서에 대한 정보를 얻었으며 플래시 메모리 축적 관련 특허도 땄다. 또한 전자상품 디자인에 대한 직접적인 경험도 쌓았다. 지난 1년은 짐에게 새로운 분야에 대한 이해뿐 아니라 개인적 성장을 가져다준 시간으로 돌아왔다.

이 경험은 짐이 패배를 깨끗이 인정하고 재빨리 다른 목표를 정하게 만들어 주었다. 짐은 곧바로 스탠퍼드 비즈니스 스쿨에서 슬론펠로우7년 이상의 직장 경력이 있을시 MBA를 1년 안에 끝마치는 프로그램로 1년을 보내기로 결정했다. 현재 그는 규모 있는 클라우드 컴퓨팅 회사의 부회장과 총 지배인으로 일하고 있다. 앞으로 5년 후 자신이 어디에 도달할지는 아직 모르지만 그 위치가 어디든 그는 도전을 멈추지 않겠다고 했다.

짐을 사진작가에서 현재의 위치로 움직이게 만든 것은 분명 참신한 아이디어 덕분이었다. 하지만 전혀 다른 분야의 일을 시도하는 일은 만만한 일이 아니다. 그는 계획을 세우고 자료를 조사하고 어느 정도 준비가 마무리 될 때까지 기다리지 않았다. 물론 그의 혁신적인 아이디어가 대박을 터뜨리고 세상 모두가 알 수 있는 성공을 가져오지는 못했다. 하지만 그의 핵심 행동은 탁월했다. 우선 사무실을 얻고 실제 일을 시작할 수 있도록 자신에게 기회를 열어준 점 말이다. 바로 거기서부터 출발한 다이빙대 행동은 그의 인생에 커다란 지평을 열어준 계기가 되었다.

지금 꼭 해보고 싶은 일이 있지만 준비와 계획에 갇혀 옴짝달싹하지 못하고 있는가? 그렇다면 꼭 한 번 다이빙대 행동을 시도해 보라. 상황을 단순화 시키고 일을 진척시키는 중요한 첫 단계가 되는 것을 직접 경험해 보기를 바란다.

사람의 차이는 미미하다.
그러나 그 미미한 차이는 큰 차이를 만들어낸다.
미미한 차이는 태도다.
그리고 그 생각이 긍정적이냐 부정적이냐 는 것이다.

- W.클레멘트 스톤, 보험회사 창립자

Be Curious

Chapter 6

호기심이 생기는
흥미로운 일을 시도하라

삶은 복잡하게 얽혀 있고
세상은 너무나 역동적이다.
사람들도 저마다의 개성으로 가득하다.
그러니 미래를 예측하는 것 또한 쉽지 않다.

그러나 한 가지 확실한 미래도 있다.
자신이 흥미를 느끼는 것들로
좀 더 즐겁고 만족스러운 삶을 누릴 수 있다는 것.

물론 시간은 제한적이다.
모든 것을 시도할 수는 없겠지만
몇 가지 새로운 가능성은
언제든지 실험해 볼 수 있지 않은가?

당신이 존재한다면 숨을 쉴 것이고
숨을 쉬면 말을 할 것이다.
말을 하면 물을 것이고
물으면 생각할 것이다.
생각하면 탐색할 것이고
탐색하면 경험할 것이다.
경험하면 배울 것이고
배우면 성장할 것이다.
성장하면 무언가를 바랄 것이다.
바라면 그것을 찾을 것이고
찾으면 의심하게 될 것이다.
의심하면 질문을 할 것이고
질문을 하면 이해하고
이해하면 알게 될 것이다.
알게 되면 더 알고 싶을 것이다.

그리고 이것은 당신이 살아 있다는 의미다.

- 〈내셔널지오그래픽〉의 영상물에서

정규 교육에서 호기심이 살아남는 건 기적이다.

- 알베르트 아인슈타인, 노벨 물리학상 수상자

기타를 그냥 한 번
아무렇게나 쳐볼 수 있었다

She could just play the guitar at random

> "제가 삶에서 거둔 성공은 열정을 따랐기에 가능했습니다.
> 그 열정이 저를 어디로 이끌지는 불투명했지만요."
>
> - 빌 스트릭랜드, 맨체스터 비드웰 재단 창립자

어린 아이들은 새로운 것을 시도하기를 즐긴다. 이것저것 만져보고 찔러보며 끊임없이 질문한다. 나름대로 실험을 통해 그렇게 세상을 배워간다. 아이들은 호기심에 앞서 스스로 충족할 능력이 되는지, 인격 형성에 도움이 되는지, 진로에 필요한지 묻지 않는다. 단지 호기심을 행동에 옮길 가장 빠른 방법을 찾을 뿐이다.

하지만 자라면서 이런 태도는 현저하게 줄어든다. 그 대신 해야 하는 것을 걱정하는 데 많은 시간을 보낸다. 학교에서는 정답을 말하고 똑똑하게 보이는 것이 중요하다는 사실을 금방 알아차린다. 그렇다보니 능숙하게 할 수 없는 일 따위에 나서지 않는다. 또 어떤 일을 시작하고 끝까지 마치지 못하면 뭔가 크게 잘못한 일로 핀잔을 듣는다. 괜히 나섰다가 질타만 받는 일이 생기곤 하니 좀처럼 많은 것을 시도하지 않는다.

이런 사회적, 교육적 환경은 '지금 하고 있는 것들이나 잘해야지'라는 생각을 불러오며 호기심을 의도적으로 꺾거나, 오지랖 넓은 자신을 스스로 자책하게 만든다. 많은 학부모 역시 자녀들이 예술이나 음악, 문학 같은 비실용적인 전공 선택을 가로막는다. 이런 생각들 때문에 학생들은 미래의 확실한 보장이 없는 것들은 배울 생각도 하지 않는다.

어렸을 때 배운 생각들이 이렇다보니 성인이 된 후에 호기심의 가치를 의심하는 것도 무리가 아니다. 이제 성인이 된 그들은 어떤 새로운 일을 시도할 때마다 스스로에게 이렇게 묻는다. '이것은 내가 시간을 투자할 만한 일인가? 나한테 이득이 될까? 나와 부모님이 원하는 방향에 맞는 일일까? 만약 한다면 잘할 수 있을까?' 등 끝없는 의구심이 담긴 질문을 던지는 것이다.

최근 마리라는 여성과 상담 중 기타에 대한 이야기가 흘러나왔다. 그녀는 일상에서 소소한 행복을 느낄 수 있는 무언가를 원하던 차였다. 필자는 어쿠스틱 기타 연주법을 배우는 유튜브 비디오 클럽을 소개했다. 그랬더니 흥미롭다는 듯 "아니, 유튜브로 기타 연주를 배운단 말이에요? 한번 해봐야겠네요. 몇 년 동안이나 기타를 배우고 싶었는데."라고 말했다. 우리는 기타 연주를 가르쳐주는 다양한 무료 온라인 자료가 많다고 알려줬다. 훌륭한 기타 교습을 다룬 유튜브 채널을 링크해서 이메일로 보내겠다는 말도 덧붙였다.

그런데 그녀가 잠시 생각에 잠기더니 이내 심드렁한 표정을 지었다. "글쎄요. 생각해 보니, 저한테 기타를 배울만한 끈기가 없는 것 같아요. 몇 년은 해야 좀 잘할 수 있을 텐데. 더구나 요즘 바빠서 말이죠. 언제 기타를 배울 틈이나 나겠어요?"

그러면서 그녀는 자신의 전 남자친구로부터 받은 기타가 지난 1년간 방 안 옷장 선반 위에 놓여 있다고 했다. 자신이 기타를 진짜 배우고 싶은지 어쩐지 확신이 서지 않아 한번 쳐볼 생각도 못 했다는 것이다.

마리의 사고방식은 많은 사람에게 흔히 볼 수 있다. 나이를 먹을수록 더욱 그렇다. 생각해 보라. 그녀는 그냥 기타를 한번 꺼내서 아무렇게나 쳐볼 수 있다. 오랫동안 배우려는 결심을 할 필요조차 없다. 누구든 망설임 없이 무작정 기타를 쳐볼 수 있지 않은가.

호기심을 죽이는 질문! 그리고 그에 대한 반대 의견
Curiosity-Killing Questions and Some Counterpoints

- **그 일을 과연 잘할 수 있을까?**

  일단 시도해보라. 왜 꼭 잘해야 하는가? 남들의 인정을 받을 수 있을까에 대한 걱정은 접어 두자. 스스로의 만족과 성장이 바로 코앞에 있지 않은가!

- **그 일을 할 시간은 충분할까?**

  어떤 일을 좋아한다면 시간을 잡아먹은 중요하지 않은 활동을 스스로 멀리하게 될 것이다. 그러니 지레 겁먹을 것 없다.

- **그 일을 할 끈기와 재능이 충분한가?**

  그 일을 시도한 후에 예상 밖의 끈기와 재능을 발견할지도 모르는 일이다. 그렇다면 재능까지 더해져 발전될 확률이 더 높아진 셈이다.

- **정말 그 일에 헌신할 수 있을까?**

  만약 그렇다면 내 인생의 다른 영역이 방해 받는 건 아닐까? 정말로 원하지 않는 이상, 그 일을 계속 할 리 없다. 걱정은 덮어두라.

- **그 일을 하는 데 너무 많은 비용이 드는 건 아닐까?**

  정말 열정을 느낀 일을 찾으면 그 비용을 마련할 방법이 생길 수 있다. 또는 불필요한 것들에 사용하던 비용을 줄일 수도 있고 말이다.

- **만약 그 일을 하면 사람들이 바보 같다고 생각하지 않을까?**

  성공하는 사람들을 한번 보라. 조금 특이하게 보이는 흥미와 취미를 가진 사람이 많다. 자기 삶을 풍요롭게 하기 위해서다. 그리고 바보처럼 보이면 좀 어떤가? 당신이 원하는 바로 그것을 하는 게 더 중요한 문제 아닌가?

- **그 일을 하면 현실적인 보상이 주어질까? 그 일로 이성 친구를 만나거나 내 커리어에 도움이 되는 인간관계를 쌓을 수 있을까? 돈을 더 많이 벌 수 있는 방법을 배우거나 좀 더 건강하고 매력적으로 변할 수 있을까?**

  삶을 바꿀 만큼 이득이 되는 일이 언제나 어디서 일어날지는 전혀 예측 불가능하다. 어차피 미리 알 수 없는 일이다. 원하는 일을 하면서 즐거운 시간을 보내며 때를 기다릴 뿐.

삶의 밖에서 자신을 이야기하지 마라
Don't Talk Yourself Out of Life

어떤 일이든 비용 대비 득과 실만을 계산해서 판단한다면 열정은 사라지고 말 것이다. 시도하기 전에 언제나 깐깐한 평가 과정을 거쳐야 한다면 실험하고 탐험하려는 동기는 저하되기 마련이다. 결국 몸을 사리게 된다.

티베트의 어떤 라마승이 미국을 처음 방문하게 되었다. 그는 평생을 고립된 수도원에서 보낸 사람이었으며 70대 초반의 나이였다. 누군가 라마승에게 물었다. "미국인의 삶에서 가장 놀란 부분은 무엇인가요?" 그러자 라마승이 답했다.

"내가 제일 놀란 부분은 수많은 미국인이 자신의 즐거움이 무엇인지 알면서도 스스로 속이고 있다는 사실입니다. 미국인들은 어떤 것에 끌려도 자신의 감정을 무시해버리거나 몸을 사리더군요."

라마승의 눈에는 삶의 속도나 발전된 기술, 풍족한 물질적 부 같은 것들은 보이지 않았다. 그저 이렇게 많은 사람들이 행복을 부인하는 것을 보고 놀랐을 뿐이다. 이것이 그가 본 서구 문명의 큰 비극이었다.

많은 사람이 자신의 호기심을 의심하고 자신의 열정을 억누르는 말을 하는 습관에 빠져있다. 새로운 일을 시작하려면 헌신과 장기 계획이 필수라는 잘못된 생각을 부둥켜안고 말이다. 이제 실상을 바라보자. 삶은 복잡하게 얽혀 있고 세상은 너무나 역동적이다. 사람들도 저마다의 개성으로 가득하다. 그러니 앞으로의 삶에 대한 적당한 아웃라인을 그리는 것마저 불가능한 것이 당연하다. 그러나 한 가지 확실한 미래도 있다. 자신이 흥미를 느끼는 분야를 탐험하면 좀 더 즐겁고 만족스러운 삶을 누릴 수 있다는 것. 물론 시간은 제한적이다. 모든 것을 시도할 수 없겠지만 몇 가지 새로운 가능성을 실험해 볼 수 있지 않은가?

우리는 계속 앞으로 나아가고 새로운 문을 열고 새로운 일을 한다. 왜냐하면 우리는 호기심에 가득 차 있고 호기심이 우리를 계속해서 새로운 길로 이끌기 때문이다.

- 월트 디즈니, 영화 제작자, 애니메이션 만화 영화의 선구자

호기심에 따라 행동하라
Act on Your Curiosity

성공하는 혁신가, 사업가, 창의적인 예술가들이 고정된 틀에서 벗어나 기회를 포착하게 만드는 요소는 무엇일까? 그 중 하나는 자신을 둘러싼 세계에 왕성한 호기심을 갖고 자신의 경험으로부터 끊임없이 배우는 것이다. 스티브 잡스는 「와이어드 Wired」라는 잡지 인터뷰에서 이렇게 말했다.

"창의성은 그저 대상들을 연결시켜 나가는 겁니다. 창의적인 사람에게 한번 물어보세요. 어떻게 그 일을 해냈냐고. 아마 실제로는 별로 한 일이 없어 약간의 가책을 느낄지 몰라요. 그들은 그저 뭔가를 보았을 뿐입니다. 그것이 조금 지나 확신으로 다가왔을 뿐이죠. 자신들이 이미 가진 경험에다 새로운 것을 결합시킨 겁니다. 그렇게 할 수 있었던 이유는 간단해요. 다른 사람들보다 경험한 것이 많고 그것에 대해 많이 생각해 본 것이죠."

남들은 쉽게 보지 못하는 기회를 잡을 수 있었던 또 다른 이유는 자신의 호기심을 따라 행동했기 때문이다. 또한 새로운 경험, 장소, 사람들이 있는 곳으로 나아간다. 연구에 따르면 혁신적 사고를 하는 사람들은 어릴 때부터 '흥미를 좇으라'고 격려하는 선생님, 부모님이나 멘토들에게 둘러싸여 성장한 경우가 많다고 한다. 통상적인 성취의 잣대를 들이대지 않은 것이다. 이 점은 대부분의 어린이들이 겪는 경험과는 대조적이다. 네 살 무렵까지 끊임없이 질문을 쏟아내던 아이도 여섯 살이 넘어갈 때 즈음엔 질문이 급격하게 줄고 만다. 아마도 질문을 격려하기보다 지식을 전하는 데 중점을 둔 교육 시스템 때문이 아닐까?

아이들은 호기심보다 선생님의 질문에 정답을 말하는 것이 더 중요하다는 걸 벌써 파악하게 된다. 사람들이 인생을 바꾸는 기회를 놓치는 가장 큰 첫 번째 이유는 그들이 기회를 찾지 않기 때문이다. 두 번째 이유는 그들은 기회를 보지만 그것에 따라 행동하지 않기 때문이다. 호기심은 새로운 가능성을 발견하고 추구하게 만드는 내재된 메커니즘과도 같다. 흥미를 잡아끄는 것이 있을 때, 기대하지 못한 흥분에 휩싸일 때, 관심도 없던 일에 갑자기 끌리게 될 때 자신을 믿으라. 호기심은 행동을 이끌어내고 안내자 역할도 자처한다. 그저 골목길에 본 신기한 가게에 들어가거나, 친구 책상에 놓여 있는 책을 보거나, 낯선 길을 따라 운전하는 것, 낯선 사람과 대화를 나누는 것, 위키백과에서 기사를 찾는 일정도면 되는 것들이다. 알고 싶은 것에 대한 관심, 궁금증을 쓰레기통에 넣어버리는 일을 당장 그만두라.

향기를 따라가다 불가능한 일을 하게 되다
Following His Nose to Do the Impossible

호기심을 추구하는 법을 배운 사람들은 예상치 못한 결과를 초래할 수 있는 다양한 경험에 그들 자신을 노출시킨다. 빌 스트릭랜드의 삶이 아주 훌륭한 예가 된다. 그는 도시 소외 계층 아이들의 직업능력 향상과 대학 진학을 돕는 맨체스터 비드웰 Manchester-Bidwell 재단 창립자다.

1963년 그는 좌절에 휩싸여 방황하는 16살 청소년이었다. 그가 살던 곳은 펜실베니아 주 맨체스터 지역이다. 다 쓰러져가는 연립주택이 늘어선 낙후된 부지에는 잡초와 쓰레기 더미가 여기저기 엉겨 있었다. 인종 분쟁이 한창이던 당시 미국에서 흑인 청소년으로 보낸 그의 삶은 끊임없는 폭력의 위협으로 얼룩져 있었다. 그러던 어느 날, 어느 때처럼 침울한 기분으로 학교 복도를 터덜터덜 걷고 있을 때였다. 우연히 교내 미술실 옆을 지나는데 햇살이 미술실의 넓은 창 안으로 내리쬐어 교실을 환하게 밝히고 있었다. 어디선가 커피향이 은은하게 퍼져 왔고 재즈 음악도 들렸다. 그 밝은 햇살과 커피향은 소년의 관심을 끌었다.

교실 한구석에 도자기 공예용 돌림판 위에 놓인 찰흙을 빚고 있는 한 남자가 보였다. 역동적으로 움직이는 남자의 손을 스트릭랜드는 넋 나간 듯 바라보았다. 마치 찰흙이 살아 움직여 하나의 형상처럼 부풀어 오르는 것만 같았다. 도자기를 빚던 미술 강사는 스트릭랜드의 시선을 눈치챘다.

"한번 해보겠니?" 스트릭랜드는 얼떨결에 "네"라고 대답한 뒤, 의자에 앉았다. 강사는 곧 찰흙 한 덩이를 그의 앞에 놓아주었다. 스트릭랜드는 돌림판을 이용해 열심히 빚기 시작했다. 서툰 손놀림 때문에 찰흙이 한쪽으로 쏠리며 무너져 내렸다. 하지만 상관없었다. 그 순간, 자신이 굉장히 특별한 경험을 하고 있다고 느꼈기 때문이다.

이 우연한 경험을 계기로 스트릭랜드는 미술반에 등록했다. 미술반 활동은 고교 졸업반이던 그의 최고 관심사가 되었다. 미술실 안의 질서정연한 고요함에서 자신의 낙후된 동네에서는 느낄 수 없던 묘한 감정을 느낄 수 있었다. 항상 절망에 빠져서 우울했던 그였다. 그러나 이제 찰흙을 빚는 즐거움이 열정적으로 살아 움직이고 있다는 의미를 가져다 준 것이다.

고등학교 졸업 후 여름 동안 스트릭랜드는 자신이 다른 사람을 도울 방법을 찾기로 결심했다. 비록 C로 도배된 성적을 받곤 하는, 눈에 띄지 않는 학생이었지만 용기를 내 인근 주민센터 도우미 강사로 일하기 시작했다. 그곳에서 일하는 동안 스트릭랜드는 지역 운동가와 사회 활동가들을 많이 만날 수 있었다. 그중에 성공회 목사님 한 분이 계셨는데 어느 날 스트릭랜드에게, 지역사회 개선 프로젝트에 사용할 교회 자금을 어디에 사용하면 좋을지 물어왔다.

잠시 생각에 빠진 그는 자신이 경험한 도자기 공예가 얼마나 많은 것들을 느끼게 해줬는지 떠올렸다. '아이들이 언제든지 달려와서 도예를 배우는 장소가 있다면 얼마나 좋을까? 인종 갈등과 폭력 같은 외부 불안을 떨쳐 버릴 수 있는 포근하고 안전한 곳 말이지.' 그는 미술센터 설립을 제안했다. 스트릭랜드는 목사와 합심해 성공회 교단으로부터 2만 5천 달러의 추가 자금을 유치하는 데 성공했다. 교회에서는 미술센터로 사용할 수 있는 주택도 함께 마련해주었다.

다소 낡고 쓸쓸한 느낌이 드는 그 곳을 스트릭랜드는 열성을 다해 개조했다. 화장실을 새로 만들고 전선을 깔고 문과 창문을 손보는 일에 온전히 몰두하며 시간을 보냈다. 그렇게 맨체스터 장인길드 Manchester Craftmen's Guild'라는 이름의 미술센터가 개관됐다. 처음엔 아이들의 관심을 끌지 못했다. 하지만 교회와 지역 사회 단체, 그리고 주민단체들을 돌며 설명회를 열자 진척이 보였다. 아이들이 미술센터에 등록하기 시작한 것이다. 흥미로운 것은 미술센터에 다니는 아이들 대부분 학교 성적이 향상되었다는 점이다. 이 사실에 들뜬 부모들은 이곳저곳에 입소문을 내고 다녔다. 그렇게 미술센터에 등록을 원하는 학생이 점차 늘어갔다.

미술센터가 발전을 거듭하자 피츠버그 지역사회 리더들의 관심도 커져갔다. 1972년 스트릭랜드는 여러 문제를 안고 있던 건

설계통 직업학교인 비드웰의 리더십 교육을 맡아달라는 부탁을 받았다. 스트릭랜드가 그곳에서 가장 먼저 한 일은 학교의 교과목을 늘리는 일이었다. 그러자 각 업계의 고용주들은 비드웰 졸업생들의 실력에 감탄하며 많은 돈을 학교에 기부하기 시작했다.

맨체스터 장인길드와 비드웰 학교의 운영 모두를 성공으로 이끈 스트릭랜드는 더 큰 비전을 꿈꾸기 시작했다. 멋지고 창의적인 현대적 감각의 장소를 만들어 학생들에게 제공하기로 한 것이다. 1986년 그는 미술센터와 직업학교가 결합된 새로운 센터의 창립을 위해 650만 달러의 자금 유치에 성공했다. 미술 스튜디오와 아름다운 갤러리, 350석의 극장을 보유한 19,000평 규모의 센터였다.

1990년대 말, 저소득 계층의 학생들을 돕고 그들의 삶을 변화시킨 스트릭랜드의 놀라운 성공기는 미국 전역의 관심을 사로잡았다. 그는 많은 TV쇼에 출연했으며 미국연방예술기금National Endowment of the Arts을 받기도 했다. 1996년에는 '맥아더재단 재능보조비'까지 받을 수 있었다.

현재 맨체스터 비드웰 재단은 미식연구, 의학기술원을 비롯한 다양한 직업군 훈련을 제공하고 있다. 또한 도자기 공예, 사진, 디지털 디자인 같은 양질의 예술 교육도 빼놓지 않고 있으며 피츠버그 지역의 450여 명의 청소년들이 매년 이 재단에 등록하고 있다. 이들 중 86%는 고등학교 졸업 후 대학에 진학하고 있다.

스트릭랜드의 삶은 단순한 호기심이 연결해 준 상상하지 못한 삶의 결과를 잘 보여준다. 1962년, 그저 커피향을 따라 미술반으로 들어간 아이는 우연히 도자기를 빚는 즐거움을 발견했다. 그는 학업에 어려움을 겪었지만 도우미 강사를 자처했다. 그로 인해 맨체스터 공예가 길드를 시작하는 데 도움을 준 목사를 만날 수 있었다.

그는 자서전『불가능을 가능케 하라Make the Impossible Possible』에서 이렇게 말했다. "제가 삶에서 거둔 성공은 열정을 따랐기에 가능했습니다. 그 열정이 저를 어디로 이끌 것인지는 불투명했지만요. 자신의 삶에 관심을 조금이라도 기울이면 열정을 가질 만한 일을 발견하게 될 겁니다. 자연스럽게 마음이 끌리고 아이디어와 가능성들로 가득한 일 말입니다. 단지 그것을 하는 게 '기분이 좋아서' 시간과 관심을 잡아끄는 그런 일들 말이죠. 그런 태도를 자신의 삶에 원칙으로 삼는 것이 조금 어려울 뿐입니다."

아이가 태어났을 때 어머니가 요정 대모에게 가장 유용한 선물을 달라고 요청할 수 있다면 그 선물은 호기심일 것입니다.

- 엘리노어 루즈벨트, 영부인, 국제 연사 및 시민권 옹호자

호기심은 꺼지지 않는 성공의 연료다
Five Keys to Curiosity

호기심이라는 단어를 들으면 어떤 생각이 드는가? 아마도 진부하고 어린 아이들에게나 필요한 단어로 느껴져 흥미가 반감될지 모른다. 사람들은 삶의 많은 부분을 호기심에서 벗어나도록 종용받기 때문에 종종 그것에 대한 건강한 연결고리를 잃는다. 때문에 당신이 가진 호기심의 힘이 약해졌다는 것을 알게 된다면 여기 명심해야 할 몇 가지 고려 사항을 참고해 보자.

1. 호기심은 깨어있는 의식을 만들어준다.

당신의 호기심은 일종의 자각이며 지능의 한 부분이다. 세상을 더욱 넓게 보게 만들고 기회를 찾게 하며 탐험하고 배우게 한다. 당신이 호기심을 발휘할수록 더 많은 이점을 얻을 수 있다.

2. 호기심은 유통기한이 존재한다.

사람들은 호기심에 의문을 가질 때 즉시 행동하기를 피하는 경향이 있다. '일단 기다려야지. 그 다음 한 일주일 지나도 이 일에 호기심이 계속 있으면 그때 뭔가 하면 되잖아?'라고 생각하는 것이다. 하지만 호기심은 특수한 상황에서만 생겨나는 것이다. 그리고 지금 당장할 수 있는 일과 연관된다. 지금 이 순간, 말을 건네고 싶은 사람이나 걸어보고 싶은 길, 들어가고 싶은 갤러리, 낱낱이 살펴보고 싶은 기계일 수도 있다. 나중까지 기다리면 눈앞의 기회는 물거품처럼 사라질지 모른다.

3. 호기심은 에너지를 솟아나게 한다.

호기심은 행동하게 만든다. 호기심은 실험하고 탐색하며 바꾸고 성장시키는 힘을 준다. 호기심 없이는 한 걸음도 내딛기 어려우며 작은 행동조차 하지 않게 된다.

4. 호기심은 빨리 배우게 한다.

호기심은 대상을 탐구하는 가장 빠르고 효과적인 방법을 알려준다. 정보를 얻고 능력을 연마하게 한다. '자, 이 일을 시작하기 전에 5년 계획을 세워보자'라고 말하는 대신, '지금 해보자'라고 자극한다.

5. 호기심은 일을 진척시킨다.

호기심에 따라 행동하는 것은 일을 진행시키는 중요한 첫 단계다. 진흙 속에 빠져 옴짝달싹 못하던 배를 자유롭게 풀어주는 것과 같다. 일단 한번 움직이기 시작하면 온갖 새로운 가능성이 펼쳐진다.

해보면 재미있을 것 같은 일들 목록 만들기
Create a "Fun to Try" List

호기심을 갖게 된 새로운 일에 도전해보자. 인생을 즐기고 우연한 기회를 삶으로 끌어들이는 좋은 방법이 될 것이다. 혹시 해보고 싶은 일의 희망 목록Wish-list이 있는가?

그 희망 목록을 대기 목록Wait-list으로 전락시켜서는 안 된다. 지금 목록 Now-list로 만들어야 한다. 해보고 싶던 일을 정해서 지금 당장 시도 가능한 가장 간단한 방법부터 찾아보자.

- **외국어 배우기**
  외국 친구에게 "실례합니다"와 "감사합니다"를 어떻게 말하는지 묻는다.

- **태극권 배우기**
  태극권을 연습하는 사람을 관찰한다.

- **나만의 와인 만들기**
  와인 양조에 관한 책을 산다.

- **그림 그리기**
  수채물감으로 자유롭게 그려본다.

- **피아노 연주하기**

  친구의 피아노를 쳐본다.

- **명상 클래스에 가기**

  점심시간에 가까운 절을 방문해 본다.

- **외국에서 살아보기**

  베트남, 태국, 중국 음식 등 관심 있는 나라 음식점을 찾아간다. 그
  리고 음식점 주인에게 그들의 고향에 관해 물어본다.

- **전국 투어하기**

  인터넷 지도 사이트를 이용해 오후에 드라이브 하기 좋은 길을 찾
  아본다.

- **철인 3종 경기 참여하기**

  동네를 한 바퀴 돌아본다.

- **배낭여행 가기**

  숲속을 한번 걸어본다.

- **연극 동호회에 참가해 공연하기**

  연극 모임에서 활동하는 사람과 대화를 나눠본다.

· 어린이 스포츠 팀 코치 맡기

어린이에게 야구공 던지는 법을 가르쳐준다.

· 제빵사 되기

시판하는 제빵 믹스를 사서 요리법대로 따라 해본다.

· 유럽으로 자전거 여행가기

다른 도시로 자전거 여행을 떠나본다.

· 나만의 보드게임 만들기

아이들과 함께 좋아하는 보드게임의 새로운 규칙을 만든다.

· 넓은 장미 정원 가꾸기

작은 장미 덤불 한 개를 심어본다.

· 동화 창작하기

아이에게 들려줄 얘기를 만들어 본다.

· 살사 댄스 하기

유튜브에서 관련 동영상을 찾아본다.

가시덤불 속에 가시가 있다는 것을 알지만
그래도 손 내밀어 꽃을 발견하려는 일을 그만두지 않는다.
인생도 이와 같다.

- 조르주 상드, 프랑스 소설가

Don't waste your life on things
you don't even like

Chapter 7

좋아하지도 않는 일에
인생을 낭비하지 마라

우리는 자신이 중도포기자로 보일까 봐
새로운 진로로 바꾸는 것을 완강히 거부한다.
그렇게 수년, 심지어 몇십 년을
자신을 비참하게 만드는 작업에 매달리며
낭비하고 사는 것이다.

한 가지 직업만을 고수할 필요는 없다.
그 직업을 위해서 시간과 자원을 지금껏
투자했더라도 말이다.

한 군데 가만히 앉아 시속 150킬로미터로 달린다고 해서
우리가 조금이라도 더 튼튼해지거나 행복해지거나
지혜로워지는 것은 아니다.

사람이 아무리 느리게 걸어다니며 본다 해도
세상에는 사람이 볼 수 있는 것보다 늘 더 많은 것이 있다.

빨리 간다고 해서 더 잘 보는 것도 아니다.
진정으로 귀중한 것은 생각하고 보는 것이지 속도가 아니다.

사람의 기쁨은 결코 어딘가로 가는 데 있는 것이 아니라
존재하는 데 있기 때문이다.

- 존 러스킨, 미국 문학평론가

우리가 계획한 삶을 기꺼이 버릴 수 있을 때
우리를 기다리고 있는 삶을 맞이할 수 있다.

- 조지프 캠벨, 미국 신화학자, 작가

해 보기 전까지는 결정하지 않는다
Don't Marry a Job Before Your First Date

> 아무리 많은 책을 읽고, 사람들에게 묻고,
> 질문을 하거나 리서치를 해도 소용없다.
> 그것은 그냥 '그들의 의견'일 뿐, '나 자신의 의견'이 아니다.

"넌 커서 뭐가 되고 싶니?"라는 질문은 자라면서 수없이 받는 질문이다. 우리는 진로에 대한 대답을 기대하는 사회 속에서 살아왔다. 더불어 그 대답이 어리면 어릴 때일수록 더 좋다는 세상에 살고 있다. 어린 나이 때부터 선택된 진로가 있다는 것은 칭찬할 만한 일이며 이 선택에 평생을 바칠 것 또한 기대한다. 중간에 방향을 바꾸거나 몰입 정도에 불확실한 대답을 하면 우유부단하거나 뚝심이 없다는 평가로 돌아온다.

하지만 좀 너무하지 않은가? 거의 알지도 못하고 한 번도 시도해보지 않은 일을 선택하고 헌신해야 한다는 게 말이다. 마치 데이트 몇 번으로 배우자를 결정하라고 강요받는 것과 비슷하지 않은가? 이런 어처구니없는 상황에도 불구하고 진로를 결정하라는 압력은 여전히 팽배하다. 일단 당신의 정보를 캐낸 후 당신에게 맞는 직업을 알려주겠다는 소위 전문가들도 도처에 깔려 있다. 그들은 여기저기 쿡쿡 찔러보며 당신의 마음을 읽어내려는 것만 같다. 그뿐인가? 성격 유형과 흥미, 소명 의식과 꿈을 알기만 하면 완벽한 직업과 라이프스타일, 배우자를 찾아준다고 장담하는 책들도 셀 수 없다. 심지어 별자리까지 동원하는 책들도 있다.

이제 이런 황당함에 마침표를 찍어야 하지 않을까? 성공한 삶을 살기 위해서 성격 유형을 알아내거나 진로를 미리 결정할 필요는 없다. 사실 이런 과도한 계획과 불필요한 헌신이야말로 사람들의 성공과 행복을 방해하는 원인이다.

진로 매칭 모델을 따르는 건 어리석은 일이다.
Career Matching Is Silly

'진로를 먼저 결정해야 성공적인 커리어를 누린다'는 사고의 첫 출발은 1900년대 초반 프랭크 파슨스의 연구로 거슬러 간다. 파슨스는 일명 진로 지도의 아버지로 불렸다. 한 사람의 주요 적성, 흥미와 성격을 측정하고 이것을 특정 직업에서 요구하는 특징과 맞출 수 있다는 게 그의 주된 믿음이었다. 이것을 매칭 모델Matching

Model 이라고 불렀다. 사람들과 직업들을 일정한 특징들로 분류해 그 둘을 서로 맞출 수 있다고 가정했기 때문이다.

아마 당신도 진로 적성 테스트를 받아 보았을지 모른다. 한 시간 동안 이상한 문체로 쓰인 질문을 읽고 질문지에 답을 적어내는 식이다. 그리고 '내 진로는 무엇일까?' 궁금해 하며 초조하게 기다렸을 것이다. '내가 과연 뭐가 될까? 플라워 디자이너? 혹시 양자 물리학자나 투우사 같은 건 아니겠지?' 기다림은 묘한 긴장감마저 돌게 한다. 그런데 막상 테스트 결과를 받아보면 결과가 뭐라고 나왔든 자신의 모습과 전혀 다르다고 느낀다. 아니면 너무 모호해서 아무짝에도 쓸모가 없었는지 모른다.

많은 사람과 마찬가지로 필자인 라이언도 중학교 시절 진로 적성 테스트를 받았다. 그 무렵 라이언은 존 뮤어^{미국 환경운동가이자 작가}의 전기에 심취해 있었고 숲속 하이킹을 즐겼다. 그러자 적성 테스트에 공원 경비원이 그에게 적격이라고 나왔다. 1년 뒤 그는 경마 핸디캐핑 Handicapping 자료를 바탕으로 우승을 예견하는 것에 푹 빠지게 되었다. 아마 그때 테스트를 다시 받았더라면 카지노 딜러나 통계학자가 적성에 맞는다고 나왔을 것이다. 다음 해에 라이언은 생애 첫 컴퓨터를 갖게 되었고 컴퓨터 게임을 만들어 친구들과 나누는 재미에 빠졌다. 그때 테스트를 받았다면 아마 소프트웨어 개발자가 천직이라고 나오지 않았을까?

또 다른 필자인 존도 비슷한 경험이 있다. 그는 16세 때 동네

캐딜락 자동차 영업소의 사환 자리에 지원했다. 그 자리는 너무나 탐나던 일이었다. 당시 존은 학교에서 진행한 적성 테스트를 기다리던 중이었다. 존은 테스트를 작성하면서 오직 사환 자리가 적격이라는 판정을 받고 싶다는 마음으로 질문지를 작성했다. 그러나 상담사가 건네준 적성 결과는 그에게 회계사가 맞는다고 쓰여 있었다. 이후 존은 사환 자리에 뽑히지 못했다. 그러나 평생 동안 한 번도 회계사라는 직업에 관심이 간 적도 없다고 했다.

사람은 다양한 개성으로 가득 차 있다. 관심사도 늘 바뀐다. 올해 나에게 도전을 불러일으키고 열광하게 한 일이 내년에도 같으리라는 법은 없다. 심지어 관심사가 날마다 바뀔지도 모른다. 그러니 당신을 어떤 불변의 특징들로 설명할 수 있다는 개념은 꽤나 위험하다.

매칭 모델의 또 다른 문제점은 각각의 직업군에 잘 맞는 성격 유형과 적성이 존재한다고 가정하는 데 있다. 만약 당신이 이성적이고 내성적이며 수학적인 성향이 강하다면 엔지니어가 돼야 한다고 말하는 것과 같은 셈이다. 하지만 이성적이고 내성적인 수의사나 마음씨 곱고 동물을 사랑하는 수학자가 될 수도 있는 일 아닌가?

아무 직업이나 생각해 보라. 배관공, 요트 세일즈맨, 자영업자, 초등학교 교사, 피아노 조율사, 작가, 심장 전문의 등 어떤 직업도 다양한 배경과 성격, 재능을 가진 사람들로 이뤄져 있다. 직업과 사람을 대하는 일이 쿠키 만드는 틀처럼 고정된 잣대로 판단된다면 얼마나 재미없는 세상이 되겠는가? 하나의 직업을 가진 사람들이 모두 같은 모습을 하고 같은 방식으로 일 한다면 말이다. 다행히 현실 세상은 그렇지 않다. 우리 모두 저마다의 방식으로 삶을 살고 사랑하며 일하고 있다. 다른 사람들과 얼마나 비슷한가에 신경 쓰며 자신을 제한하면 만족스런 삶은 결코 주어지지 않는다. 나만의 개성을 자축하며 살아야 진짜 자기 삶이 아니겠는가! 그러니 주변에 '당신은 이런 사람이며 이런 직업이 어울려요'라고 말하는 사람이 있다면 이를 가볍게 무시하라고 권하고 싶다. 또한 매칭 모델은 세상이 얼마나 급변하고 있는지를 간과한다. 필자인 존이 아이오와 주 세다 래피즈Cedar Rapids 시의 고교 운동선수였던 1950년대를 생각해 보자. 존이 적성 테스트를 받았다면 가상현실을 바탕으로 고안하는 학습 프로그래머가 될 것이라고 나왔을까? 라이언이 고등학생이던 1980년대, 학교 진로 상담가가 그에게 "교육 공학에 특화된 비즈니스를 창업하는 게 어때요?"라고 말할 수 있었겠는가?

현대 사회에 가장 역동적이고 급성장하는 구글, 애플, 아마존, 페이스북 같은 기업들을 살펴보라. 이런 기업들은 10년 전에는 존재하지도 않았던 다양한 보직에 수천 명을 고용하고 있다. 아직 생겨나지도 않은 일자리라면 그 어떤 상담사, 책, 진로 테스트도 당신을 인도해줄 수 없지 않는가? 앞으로 인생을 사는 동안 그 이전에는 생각하지 못했던 수많은 새로운 기회들을 만나게 될 것이란 점은 너무도 분명하다.

왜 맞춤형 커리어가 무의미할까?
Why Career Matching Doesn't Work

- 관심사는 항상 변한다. 오늘 즐기는 일이라도 10년, 5년, 심지어 6개월 안에 변할 확률은 상당히 높다.

- 세상은 끊임없이 진화하며 새로운 직업들이 계속 생겨나고 있다.

- 당신은 다양한 특성으로 이루어진 유일무이한 사람이다. 어떤 직업이나 직업군에만 맞을 리 없다.

- 진정한 기쁨은 자신만의 삶의 방식을 만들어내는 데서 온다. 당신의 유형을 특정 직업에 맞춘다는 것은 스스로를 제한하는 일이다.

- 하나의 계획만 고수하면, 살면서 생기는 변화에 적응하기 힘들다. 또한 예상치 못한 기회가 와도 활용하지 못한다.

가벼운 계획이 똑똑한 계획이다
Lean Planning Is Smart Planning

세계에서 가장 성공적이고 창의적인 기업 중 하나인 구글의 예를 살펴보자. 구글에서는 새로운 수입원이 될 만한 소프트웨어를 개발하면 가능한 빨리 그 소프트웨어의 시험 버전을 시장에 내놓는다. 소프트웨어에 더 필요한 사양이 뭔지 알 때까지 기다리는 게 아니라 제품의 시험단계, 혹은 베타 버전 단계일 때 일부러 대중에게 선보이는 것이다. 그것이 제품에 대한 값진 피드백을 얻을 가장 좋은 방법이기 때문이다. 만약 제품이 형편없다고 판단되면 최소한의 투자만 진행된 상태에서 철회한다. 그리고 제품에 변화가 필요하다고 판단되면 가능한 빨리 적용해 본다. 본격적으로 제품에 공을 들이기 전에 말이다.

지속적인 창업을 하는 기업가 스티브 블랭크와 에릭 리스는 급변하는 지금의 사회에서 구글과 같은 기업이 큰 성공을 거두는 이유를 연구했다. 이들은 전통적인 창업은 낡은 방식이라고 했다. 제품을 고안하고 5년 개발 계획을 세우며 자금을 유치한 뒤 개발 계획을 실현하는 일련의 과정을 말한다. 이런 방법은 기업의 성공이나 현실과는 동떨어진 경우가 많다. 현재와 같은 역동적인 시장에서 성공하는 기업들은 최소의 계획과 자원의 투자로 단기간 내 탄생된 제품을 선보이곤 한다.

블랭크와 리스는 가벼운 창업 lean startup 의 지지자다. 또한 창업가의 생각을 개선하는 혁신가다. 그들은 비즈니스의 목표가 '최소한의 가시적인 제품을 만들어 잠정적 고객들에게 선보이고 재빨리 피드백을 얻어 과정을 조율하는 것'이라고 정의한다. 작은 상호작용 몇 단계를 이용해 상품 자체에 배움을 가속시키는 방법이다. 페이스북은 이런 가벼운 접근을 시도한 대표적 기업이다. 페이스북은 처음에 간단한 메시지를 전달하는 서비스에 불과했다. 하지만 시장이 내놓은 이런저런 반응을 빠르게 접목시키며 부가적인 사양을 더해 급격히 진화했다. 에릭 리스의 저서 『린 스타트업 : 지속적 혁신을 실현하는 창업의 과학 The Lean Startup : How Today? Entrepreneurs Use Continuous Innovation to Create Radically Successful Business 』에 실린 가벼운 접근에 대한 체계적인 설명을 참고하기 바란다. 이 책은 새로운 상품이나 서비스를 창조하려는 기업가를 위해 쓰였지만 개인의 진로발달에도 적용 가능한 값진 정보를 제공한다. 아래 그 핵심 내용 몇 가지를 소개하겠다.

나가서 직접 보라
Go See for Yourself

가벼운 접근의 시초는 토요타에서 가벼운 제조 혁명을 주도했던 타이치 오노와 시에고 싱고다. 그 핵심 개념 중 하나는 일본어로 겐지 겐부츠라고 하는데, 직역하면 '나가서 직접 보라'정도가 된다. 그 의미는 어떠한 비즈니스 과정이나 문제도 직접 가서 관찰하지 않는 한, 확신할 수 없다는 것이다. 간접적인 정보에만 의지해서 어떤 사실을 당연시하는 것은 어리석다는 의미를 포함하고 있다.

'나가서 직접 보라'는 말은 모든 진로 상담가가 우선적으로 받아들여야할 첫 번째 조언이 아닐까? 어떤 직업을 직접 경험하지 않는 이상, 업무에서 느끼는 기분을 전혀 알 수 없다. 아무리 많은 책을 읽고 사람들에게 묻고 질문을 하거나 리서치를 해도 소용없다. 그것은 그냥 그들의 의견일 뿐, 나 자신의 의견이 아니다. 특정 직업에 대해 내가 어떻게 느끼는지 알려면 가능한 많은 경험을 직접 해보는 것만큼 확실한 것은 없다. 그래야 분명한 결론에 도달할 수 있다. 이쯤에서 범죄 수사관을 꿈꿨던 사라의 일화를 살펴보자.

새로운 범죄 현장 조사관이 연구실을 방문하다
A Budding Crime-Scene Investigator Visits the Lab

사라는 법의학자가 되겠다는 꿈을 이룰 장기 계획을 세우기 위해 필자들을 찾아왔다. 그녀는 평소 범죄 수사를 다룬 TV 프로그램이나 범죄 실화를 다룬 책 읽기를 즐기고 있었다. 하지만 우리는 아무리 범죄 현장 분석에 관한 책을 많이 읽어도 직접 나가 경험해봐야 한다고 충고했다. 때마침 사라는 자신이 다니는 대학에 범죄학 강의가 있다는 걸 알게 됐다. 강의에는 학생들이 직접 경찰서로 가서 범죄분석 현장을 연구하는 실습도 포함되어 있었다. 사라는 곧장 수강신청을 했다. 범죄분석 실험실을 방문하던 날 그녀는 꽤나 들떠 있었다. 그런데 막상 실험실을 방문해보니 마음에 들지 않는 점이 너무 많았다.

실험실은 낡은 건물 안에 위치해 있었는데 방엔 온통 날카로운 형광등 불빛이 작열하고 있었다. 일하는 사람 모두 피곤하고 무덤덤해 보였다. 자기들끼리 대화를 주고받을 때조차 뭔가 냉랭하고 비인간적인 분위기가 흘렀다. 심지어 곰팡이 냄새와 병원 소독약이 뒤섞인 냄새가 나는 방 안 공기조차 참기 힘들었다. 모든 것이 암울 그 자체로 느껴졌다. 사라는 그곳에서 보낸 단 하루 동안의 경험만으로 '여기는 내가 일할 만한 환경이 아니구나'라고 생각했다. 이곳에서 일하면 행복감을 느낄 수 없을 것만 같았다.

수년 동안 범죄 관련 서적을 탐독하고 TV 드라마까지 모두 섭렵하면서 생각해온 직업이, 방안 혼자만의 공간에서 만들어진 헛된 꿈이었던 것이다.

> 기회라는 건 처음 봤을 때
> 대개 눈치 채지 못하는 것들이라네.
>
> -카트린느 드뇌브, 프랑스 영화배우

그 후 몇 달 동안 사라는 우리와 함께 다른 진로를 탐색했다. 아름다운 재료들을 찾아다니기 좋아했던 그녀는 인테리어 디자인을 해 보기로 결정했다. 더구나 고객들을 상대로 일하는 건 자신을 표현하기 좋아하는 자신의 성격과도 잘 맞는다며 기뻐했다.

만약 그녀가 범죄 분석 실험실을 직접 가서 보지 않고 원래의 계획을 밀고 나갔다면 어땠을까? 아마 대학에서 범죄학을 전공하고 적어도 한 4년간은 학위를 따느라 애썼을 것이다. 그리고 실제 현장에 나가서야 자신에게 전혀 맞지 않는다는 걸 깨달았을 것이다. 그렇다면 진로 선택을 처음부터 다시 하거나 최악의 경우 좋아하지도 않는 일을 하느라 인생을 낭비했을 것이다.

이렇듯 직접적인 경험은 호기심을 느끼는 일에 대한 가장 많은 정보를 캐낼 수 있는 방법이다. 그뿐 아니라 아직 생각하지 못한 일에 스스로를 노출시킬 기회이기도 하다. 그러니 뭐든 지금 당장 직접 나가서 겪어보라.

앞서 소개한 가벼운 접근법의 가장 중요한 요소 중 하나는 리스가 말한 유효한 학습 validated learning이다. 제품과 서비스 개발에 있어 고객이 무엇을 원하는지 파악하는 활동 전반을 의미하며 실험을 통해 진짜 고객으로부터 나오는 데이터로 증명된다. 이것은 시험을 거쳐 입증되지 않은 가정은 실행하지 말라는 뜻을 담고 있다.

예를 들어 당신이 고급 반려견 침대를 만드는 사업을 한다고 해보자. '고객들은 알레르기를 일으키지 않는 재료로 만든 침대를 선호할 거야'라는 가정을 세울 수 있다. 가벼운 접근법에서는 이 가정을 실행에 옮기기 전, 먼저 그것이 옳은지 아닌지 실험을 통해 입증하기 권한다. 우선 보통의 재료와 알레르기를 일으키지 않는 재료로 각각 반려견 침대를 만든다. 최소한의 투자로 빨리 만든 샘플이면 가장 이상적이다. 그 뒤, 고객의 반응을 살핀다. 이 과정은 올바른 가정을 내릴 수 있도록 돕는다. 게다가 모르던 사실도 착안하게 한다.

예를 들어 고객들은 재료가 알레르기를 일으키는지 아닌지 보다, 얼룩을 방지하는 합성 섬유에 더 관심 있다거나 하는 것 등이다. 그럼 여기서 애매하고 부정확한 예측만 하다가 좀처럼 행동에 나서지 못하는 사람들의 예를 살펴보자.

- 화학 과목이 너무 어려워서 아마도 의사는 되지 못할 거야.

- 이 분야는 너무 경쟁이 심해서 아마 성공하지 못하겠지.

- 작가뜨는 사진작가, 인테리어 디자이너, 선생님 등가 되고 싶지만 그렇게 해서 생계를 유지하는 것은 불가능해.

- 그건 여자들혹은 남자들이 하는 일이 아니야.

- 나는 지금 시작하기엔 너무 나이가 많은 것 같아.

- 비전공자이니까 나에겐 아마 기회가 없을 거야.

- 외국어를 할 줄 알거나 특별한 커리어를 갖추고 있어야 해.

- 학점과 점수가 너무 낮아서 대학원엔 아마도 못 갈 거야.

- 10개 중 9개 식당이 망하니 나라도 별 수 없을거야.

- 난 별로 똑똑하지도 않은 걸, 뭐.

이처럼 수많은 사람이 잘못된 가정으로 자신의 삶을 제한하고 열정을 좇는 걸 마다하니, 안타까울 따름이다. 특히 직접적인 경험을 해보면 대부분 틀렸음을 확인할 수 있는 가정들인데 말이다. 여기서 30대 후반에 수의사로 직업을 바꾼 질의 이야기를 들어보자.

피를 무서워한 소녀
The Girl Who Was Terrified of Blood

질의 어머니는 반려동물 가게를 운영했다. 자연히 개, 고양이, 앵무새, 햄스터, 기니피그 등으로 가득한 집에서 자랐다. 초등학교 4학년 때부터, 질은 수의사를 꿈꿨다. 그러다 고등학교에 진학해 어려운 과학을 공부하면서 생각이 바뀌기 시작했다. 화학과 생물 과목의 점수는 높은 편이었지만 그 점수를 받으려면 훨씬 더 열심히 공부해야 했다. 그 점은 그녀의 오빠와 대조적이었다. 오빠는 별다른 노력 없이도 쉽게 높은 점수를 받았다. 그런 이유로 그녀는 첫 번째 부정적인 가정을 세웠다. '과학을 잘하지 못하는데 어떻게 의대를 갈 수 있겠어? 재능 없는 과학 공부 때문에 시간을 쏟는 건 바보 같지 않아?'

그녀를 난감하게 만든 또 다른 부분은 피였다. 사람들이 흘리는 피를 볼 때마다 매스껍고 무서웠다. '피를 보기만 해도 벌벌 떠는데 내가 무슨 수의사가 되겠어?'

대학에 진학한 질은 영문학과 예술 계통의 강의를 많이 들었다. 아버지로부터 소위 현실적인 충고를 들은 후, 경제학 전공을 결심했기 때문이다. 수업은 아주 재미있지는 않았지만 그런대로 흥미로웠다. 수의사에 대한 미련이 아직도 남아 있기도 했지만 최고의 성적을 받는 학생들도 수의대 시험에 떨어졌다는 무시무

시한 얘기가 들려오자, '그래, 나한테는 희망이 없겠네'라고 확신해버렸다.

대학 졸업 후 질은 경영 컨설팅 회사에서 몇 년간 일한 뒤, MBA를 따기 위해 대학원에 진학했다. 그 후 10년 동안 경영투자 분야에서 꾸준히 승진해갔다. 그런데 30대 중반에 들어서자 갑자기 모든 게 시들해졌다. 처음엔 부서를 바꿔가며 일에 대한 흥미를 잃지 않으려고 노력했다. 얼마 동안은 버틸만 했지만 더 이상 일할 맛이 나지 않았다. 경제적으로 여유가 있고 누구나 부러워할 만한 직업도 가졌지만 그녀는 일에 대한 열정이 없었고 사는 게 따분할 뿐이었다. 가슴 한편으로 어딘가 더 보람찬 일이 있을 텐데라는 생각이 떠나지 않았다. 수의사가 되고 싶다는 생각도 종종 들었다. 하지만 수의사가 되기 위해서는 몇 년 더 공부를 해야 하기에 재빨리 생각을 지워버렸다. 더구나 수의학과에 못 들어갈 수도 있잖은가.

질이 35세에 접어들었을 때였다. 그녀가 일하던 회사가 매각되는 바람에 일하던 팀이 축소됐다. 그 일로 그녀는 6개월의 유급휴가를 받았다. 질은 이 휴가를 이용해 다른 직업을 찾아보기로 결심했다. 그 기간에 우리는 질과 매주 만나 대화를 나눴다. 질에게 던진 필자들의 첫 충고는 '걱정과 지나친 합리화는 그만두고 흥미 있는 일을 해보라'는 것이었다. 질은 충고를 받아들였고 흥미로워 보이는 모든 가능성을 낱낱이 살펴보기로 했다. 경영 투자 계통의 일을 했던 터라 우선 비즈니스 관련 직업을 찾아보았다. 외국어와 여행하는 것을 좋아해서 여행사나 어학원의 프랜차이즈 사업을 심각하게 생각해 보았다. 한편으론 상담사로 일하는 것도 재미있을 것 같았다. 자살예방 전화상담사로 일하기 위한 4주간의 훈련반에도 등록했다. 이 모든 일들은 어느 순간까지는 즐거웠다. 하지만 결국 그녀의 마음을 완전히 사로잡지는 못했다.

질은 다양한 직업을 탐색할 수 있는 자유를 누렸지만 이것은 그녀의 인생에서 쉽지 않은 시간이었다. 그런데도 지난 9개월 동안 자신에 대한 의문과 회의로 가득했다. '나한테 맞는 직업을 정말 찾을 수 있을까?'라는 생각마저 들었다. 가장 두려웠던 건, 연봉은 높지만 따분하기만 한 경영 컨설팅 쪽으로 돌아가는 일이었다.

그녀가 늘 해보고 싶었던 일 중 하나는 프랑스에서 불어 몰입 교육을 받아 보는 일이었다. 하지만 어쩐지 비현실적이고 돈이 많이 들 것 같아 번번이 포기하곤 했다. 그러다 직업 상담사가 "지금 아니면 언제 또 해보겠어요?"라는 말에 자극받은 질은 홀연히 파리로 떠났다. 그곳에서 지낸 3주는 정말 근사한 경험이었다.

3주 후, 집으로 돌아온 그녀는 뭔가 달라진 느낌이 들었다. 외국에서 보낸 시간과 지난 몇 개월간의 진로 탐색 덕분이었다. 이제는 아무리 어처구니없어 보이는 일이라도 진지하게 고려해 볼 마음의 준비가 된 듯했다. 용기로 무장한 그녀는 뻔한 결과일 것 같은 일을 시도하기로 했다. 흥미라는 단어의 의미를 진지하게 배운 탓이었다. 그 일은 바로 동네 동물병원에서 일하면서 커다란 행복감을 느꼈기 때문이다. 그녀가 실험실에서 동물들과 일할 때, 피와 상처는 그녀를 불편하게 하지 않았다. 사실 그녀는 아프고 다친 동물들을 돕는 일이 전에는 느끼지 못했던 방식으로 집중을 느끼게 하고 몰입하게 만든다는 것을 발견했다. 피를 두려워하는 그녀의 걱정은 전혀 근거가 없었다.

이 시점에서 질은 마침내 수의사가 되는 것을 스스로에게 허락했다. 그녀는 자신이 과학을 아주 잘하는 학생이 아니어도, 수의학과에 들어가기가 어렵더라도, 수의사가 거의 돈을 벌지 못해도 상관없다고 결정했다. 그녀는 동물 병원에서 일할 때 행복하고 살아있음을 느꼈고 이것이 그녀가 원했던 것이다. 그녀가 수의사가 되기로 마음먹자 모든 것이 제자리를 찾았다. 서른여섯 살에 그녀는 전문대에 입학해 화학, 생물, 물리학 수업을 듣기 시작했다. 과학 수업은 예상대로 어려웠다. 하지만 오랫동안 팍팍한 일터에서 자기관리에 힘써 온 터라, 학습 요령을 터득하기가 힘들지만은 않았다. 결국 그녀는 전 과목을 훌륭한 성적으로 마칠 수 있었다. 그렇게 수의대학에 입학원서를 냈고 미국에서 다섯 손가락 안에 드는 수의대학 중 세 군데에서 입학 허가를 받을 수 있었다. 대학 진학 후에는 열심히 공부해서 수석졸업까지 했다. 질은 현재 캘리포니아에서 가장 규모가 큰 동물병원에서 수의사로 일하고 있다. 무엇보다 중요한 것은 그녀가 자신이 즐기는 일을 한다는 사실이다.

물론 스트레스도 많고 까다로운 직업이다. 또한 엄청나게 바쁘기도 하지만 흥분과 열정, 그리고 계속되는 배움으로 하루가 눈 깜짝할 사이에 지나가 지루할 틈이 없다고 한다. 진로를 탐색하는 동안 그녀는 자신의 호기심을 따라 행동해 보았고 여행도 떠났으며 수많은 질문도 던져보았다. 다양한 가능성을 배워간 것이다. 그 일련의 여정이 그녀에게 본래의 꿈과 마주하게 했다. 수의사가 되어 동물들을 돌보는 꿈 말이다. 끝없는 걱정과 피에 대한 두려움을 극복하고 그녀는 마침내 열정을 찾았다.

행동을 방해하는 것들에서 벗어나기
Test Your Assumptions

혹시 망설이다가 하지 못한, 시도해 보고 싶은 일이 있는가? '자격 미달이 아닐까?' 혹은 '그 일은 너무 힘들고 경쟁도 심한 거 아냐?' 라는 생각에 흥미로운 직업이나 프로젝트를 포기한 적이 없는지 생각해 보라.

아니면 그 일을 하기에 스스로의 능력이나 재능이 모자란다고 결론 내린 적은 없는가? 이런 가정들이 당신의 행동을 방해한다면 이제는 그것들을 시험해볼 차례다. 몇 가지 방법은 다음과 같다.

- **만약 어떤 일을 하는 데 필요한 학위가 없거나 경력이 부족하다는 생각이 들면,**

  그 일에 성공한 사람들 중 당신과 비슷한 배경을 가진 이들이 없는지 살펴보라. 만약 그들이 해냈다면 당신이라고 못할 이유가 없다.

- **어떤 일이 너무 버겁게 느껴진다면,**

  자신이 그 일에 맞는지 아닌지 확인해 볼 방법을 찾아라. 관련된 강의를 듣거나 도전적인 프로젝트에 참여하는 식이다. 많은 사람들이 "막상 일을 직접 진행해보니 그렇게 힘들지 않았어요. 해볼 만하더라고요"라고 말한다는 사실에 주목하라.

- **누군가 전해 준 부정적인 사실 때문에 망설이고 있다면,**

  자기 직업에 환멸을 느낀 사람의 불평만 듣고 시도 자체를 단념해 버리는 실수를 저지르곤 한다. 예를 들어, "절대로 강사는 되지 마세요. 저 말고도 생활이 말이 아니라고 하는 사람들이 많거든요." 이런 부정적인 얘기를 듣고 실망했다면 그에 반대되는 의견을 무조건 찾아 들어봐야 한다. 자기 직업을 사랑하고 왜 그 직업이 좋은지 당신에게 말하느라 들떠 있는 사람을 분명 쉽게 만날 수 있을 것이다.

- **당신이 생각하는 그 일이 돈을 벌기엔 힘들다는 말을 듣고 마음에 걸린다면,**

  그 분야의 일을 하는 사람들 중 부자는 아니라도 적어도 경제적으로 안정적인 사람들의 예를 찾아보라. 방법을 알고 있을 것이다.

- **어떤 분야가 경쟁이 치열하다는 말을 들었다면,**

  그 분야에서 성공한 사람들을 찾아보라. 그들의 배경과 어떻게 그 일을 시작하게 됐는지, 그 위치에 오르기까지 어떤 단계를 거쳤는지 알아보는 것이다. 그리고 스스로에게 물어보라. '나도 과연 그렇게 할 수 있을까?'

- **필요한 재능이나 능력이 부족하다고 생각된다면,**

  그 일에 성공한 사람들을 개인적으로 알아보려는 노력을 하라. 그러고 나서 '저 사람들이 정말 나와 그렇게 다를까? 저 사람들이 터득한 기술을 나도 배울 수 없을까?'를 자신에게 물어보라.

- **어떤 일을 이루는 과정에 많은 비용이 들어가서 단념할 것 같다면,**

어느 정도 위치까지 오르는 과정에 드는 부담은 필수다. 하지만 투자하는 비용을 그 일을 하며 느낄 즐거움보다 더 크게 보는 것은 아닌지 생각해 보자.

- **몇 년 간 공부해야 하는 것이 걱정된다면,**

다녀야 할 학교에 우선 방문해 보라. 수업을 청강해 보고 학생들과도 얘기를 나눠보라. 캠퍼스투어를 하며 어떤 느낌이 드는지 살펴보라. '이곳에서 공부하는 몇 년은 나에게 즐거운 일일까?'에 대한 답을 찾아라.

- **준비 과정에 너무 많은 돈이 들까봐 걱정된다면,**

학자금 대출이나 생활비를 줄이는 방법을 생각해 보라. 어쨌든 필요한 비용을 확보하기 위해 노력하는 것이다. '경제적 부담이 이 일을 그만둬야 할 정도인가'를 스스로에게 물어보라.

- **성과를 내기까지 너무 많은 노력이 필요하다면,**

그 분야에서 성공한 사람들에게 비결을 물어보는 것도 좋다. 매일 해

야 하는 일은 무엇이었는지, 어떤 어려움을 극복해야 했으며 그 시간
은 얼마나 걸렸는지, 그 과정을 즐길 수 있는 비결이 무엇인지 물어보
라. '내 꿈을 이루기 위해 비슷한 정도의 노력을 기울일 수 있을까?'를
스스로에게 물어보라.

• **노력과 비용이 너무 많이 들어간다 싶으면,**

그 결과가 충분한 만족을 가져다줄지 생각해 보라. 그 일과 프로젝
트에 참여할 방법이 없는지 살펴보라. 관련 활동을 해보고 그 분야
에서 일하는 사람들을 만나보는 등, 환경과 친해지는 것이다. 그러
고 나서 스스로의 기분을 돌아보라. '내가 지금 느끼는 행복감이 앞
으로 여기에 투자할 돈과 시간만큼의 가치가 있을까?'

최소한의 투자로 행동을 시작하기
Get Going with the Smallest Investment

앞서 말한 대로 가벼운 창업 lean start-up 의 핵심은 최소한의 가시적 상품을 만드는 데 있다. 최소의 창업 자금으로 우선 최소한의 기능만을 갖춘 상품을 만들어내는 것이다. 이 상품을 가능한 빨리 소비자의 손에 쥐어주고 그 반응을 살펴본다. 일단 피드백을 얻어내면 그 이후의 과정은 점차 조율해간다.

최소한의 가시적 상품 개념은 진로 준비에도 훌륭히 적용된다. 많은 사람들이 이런 질문을 해온다. "어떤 직업의 준비 과정에 드는 돈과 시간은 어느 정도가 적절할까요? 직접 경험해보기 전에 말이죠."

정답은 '적으면 적을수록 좋다'이다. 우리는 몇 년 동안 공부하고 수천 달러씩 투자해 준비과정을 거친 사람들을 많이 봐 왔다. 결국 나중에 "이 일이 이런 줄 알았으면 절대로 그렇게 노력하지 않았을 텐데."라고 말하는 사람들 역시 수없이 봤다.

많은 학부모와 주변 사람들이 최고의 직업으로 여기는 변호사들도 비슷한 얘기를 하는 걸 들어본 적 없는가? 로스쿨 입학 원서에 '경고 : 법의 실무 집행은 당신이 생각하는 것과 다를 확률이 많음'이라고 써서 사전 주의를 줘야 하는 게 아닐까 싶을 정도다.

불만을 품은 화학자의 사례
The Case of the Disgruntled Chemist

1년 전, 영국에서 열린 진로 발달 컨퍼런스에서 프레젠테이션 중이었다. 프레젠테이션이 끝나자 마이클이라는 젊은이가 필자인 존에게 다가와 이렇게 말했다. "선생님의 말씀을 10년 전에 들었으면 좋았을 뻔했어요!"

존이 이유를 묻자 청년은 자신의 상황을 들려주었다. 영국에서는 만 15세가 되면 모든 청소년들이 진로 계획을 결정하고 그에 맞는 교육 과정을 선택해야 한다. 대부분의 청소년들처럼 그 역시 여러 직업들에 대해 아는 바가 적었다. 도대체 무엇을 선택해야 할지 난감했다. 그러다 문득 화학자가 돈을 많이 번다는 얘기를 들었다. 그 말을 듣고 그는 직업 선택란에 당당히 화학자라고 써서 제출했다. 그때부터 화학자가 되기 위한 교육여정이 시작됐다. 과학고에 등록했고 대학에서 화학을 전공했으며 화학 박사학위까지 땄다. 그렇게 10년의 긴 준비 끝에 드디어 꿈에 그리던 화학자로 일을 시작했다. 그런데 도무지 하는 일에 즐거운 구석이라곤 전혀 없었다. 존이 물었다. "그렇게 화학자로서의 일이 싫으면 다른 일에 도전해 보지 그래요?"

그러자 마이클은 "그게 말이 되나요! 10년 동안 그렇게 공부한 걸 무작정 내던져 버릴 수는 없죠."

마이클은 그때 겨우 25세였다. 그래도 가던 길을 고수하겠다는 것이다. 정말 싫어하는 일을 하면서 평생을 사는 한이 있더라도 말이다. 생각해 보라. 인생은 그런 식으로 낭비하기엔 너무 소중하지 않은가?

지금이라도 어떤 진로를 선택하기 전에 그 직업에 대해 가능한 빨리 알아볼 방법을 찾기 바란다. 자원봉사를 하든 아니면 임시직을 얻어서라도 해봐야 한다. 그 분야의 사람들과 친분을 맺고 롤모델을 정해서 행동을 살펴봐야 한다.

> 모든 훌륭한 사람들이
> 좋은 생각, 좋은 아이디어, 좋은 의도를 갖는다.
> 하지만 이것을 실행에 옮기는 사람은 극소수다.
>
> - 존 행콕

사람들은 종종 변화와 발전 과정을 일부러 피하고 싶어 한다. 전문가답고 세련된 모습만 보이고 싶기 때문이다. 그래서 평가받기 전에 '하나만 더'라며 뭔가 더 개선할 점을 찾는다. 제품 샘플을 더 개선시키거나 출품할 그림 작품을 하나 더 만드는 것 등이다. 강의를 하나 더 듣거나, 웹사이트를 더 멋지게 만들거나, 더 예쁜

명함을 만들기도 한다. 하지만 모든 일을 이런 사고로 접근하는 것은 결코 도움이 되지 않는다. 유능한 컴퓨터 과학자인 릭의 경우를 통해 들어보자.

수년간 릭은 선견지명이 있는 수많은 아이디어를 냈다. 하지만 안타깝게도 수익창출로 이어지는 것이 하나도 없었다. 그의 말을 빌리면 '모든 일을 완벽하게 해내려는 습관' 때문이라고 했다. 예를 들어 릭은 인터넷 블로그가 미디어 산업에 혁명을 불러 일으키기 훨씬 전부터 개인들이 올린 간단한 메시지를 서로 공유할 수 있는 웹서비스를 만들 생각을 했다. 릭은 이 프로젝트에 너무 들떠 폭발적인 에너지로 작업에 몰입했다. 하루에 15시간 씩 매진하자 샘플 버전을 만들 수 있었다. 하지만 다른 사람의 의견을 한 번도 들어보지 않고 '뭔가 더 개선할 점이 있을 거야'라고 생각했다. 최적의 프로그램 언어만 만들어내면 소프트웨어가 훨씬 더 잘 돌아갈 것 같았다. 그는 곧 새로운 서버기반 스크립트 언어 개발에 착수했다. 그 후 4년 동안 기술적인 디테일에 더욱 집착하다보니 원래의 아이디어조차 잊어버릴 지경이었다. 그러는 동안 다른 사업가들도 저마다의 인터넷 블로그 기반을 만들어 내기 시작했다. 완벽하거나 기술적으로 발달된 모습의 블로그도 아니었다. 하지만 태도는 릭과 사뭇 달랐다. 그들은 미처 발견하지 못한 오류가 있더라도 일단 세상에 출시해 사람들이 직접 써보도록 했다. 결국 사람들로부터 값진 피드백을 얻어냈으며 점차 소프트웨어를 진화시켜 결국엔 백만장자가 되었다.

우리 필자 모두는 이런 완벽주의 경향을 버리라고 여러분에게 권하고 싶다. 그 대신 여러 가지 복잡한 일들에 뛰어들게 만들 가장 값싸고 손쉬운 방법을 찾을 것을 당부한다. 아이디어와 작업을 사람들에게 노출시키고 그들의 반응을 살펴보라. 이럴 때라야 뭐든 더 빠르게 배울 수 있다. 중간에 일을 수정해나가기도 쉽고 말이다. 더구나 일 자체도 즐길 수 있다.

변화를 수용하라
Embrace Change

앞서 소개한 가벼운 접근법은 조금씩 수정을 더해가며 점진적으로 발전시켜 볼 것을 제안한다. 물론 상황에 따라서는 더 급격한 변화가 필요할 때도 있다. 예를 들어 다른 종류의 상품을 팔아야 하거나, 다른 산업분야를 상대해야 하거나, 새로운 비즈니스 모델을 도입해야 할 때 등이다. 이런 급진적 방향 전환이 필요하다고 해서 지금까지의 노력이 무용지물이 되는 것도 아니다. 오히려 변화의 시도는 기대하지 않은 새로운 기회를 펼쳐놓기도 한다. 그 대표적인 사례를 포트벨리Potbelly 샌드위치 회사에서 찾을 수 있다.

포트벨리의 전신은 1977년에 문을 연 골동품 가게였다. 가게의 주인은 손님들을 좀 더 끌어보려는 의도로 샌드위치를 대접하기 시작했다. 그런데 고객들이 가게에 놓인 물건들보다 샌드위치에 더 관심을 보였다. 얼마 지나지않아 가게 안은 샌드위치를 맛보려는 사람들로 줄이 길게 늘어설 정도였다. 상황이 이쯤 되자 가게 주인은 골동품 가게를 레스토랑으로 바꾸기로 마음먹었다. 토스트 샌드위치를 위한 오븐기계를 갖다 놓는가 하면 칸막이가 설치된 좌석을 마련했다. 아이스크림콘을 판매하고 라이브 음악도 틀었다. 1996년 이 유명 샌드위치 가게는 새로운 주인에게 매각되었고 그 후 전미 200곳 이상의 지점을 보유한 브랜드로 확장됐다.

도중에 마음을 바꿔도 괜찮다
It's OK to Change Your Mind

사람들은 자신이 혹여 중도 포기자로 보일까 봐 새로운 진로로 바꾸는 것을 완강히 거부한다. 그렇게 수년, 심지어 몇십 년을 자신을 비참하게 만드는 직업에 매달리며 낭비하고 사는 것이다. 우리는 상담을 하면서 급격한 진로 전환을 선택한 사람들을 종종 봐

왔다. 그 예를 몇 가지 들어보겠다.

- 전문 사진사가 된 컴퓨터 프로그래머
- 요가 강사가 된 암 연구원
- 일러스트 화가가 된 증권 전문가
- 커피숍 주인이 된 역사학자
- 유리 조각공예가가 된 기업 간부
- 영적 상담사가 된 물리학자
- 레스토랑 주인이 된 부동산 중개업자
- 임상 심리학자가 된 연극 배우
- 유치원을 개원한 사회과학자
- 기계공학자가 된 운전 강사

이렇게 진로를 바꾼 이들 중 누구도 그 결정을 후회한 사람은 없었다. "좀 더 일찍 용기를 냈으면 좋았을 걸 그랬어요"라고 말한 사람만 많을 뿐이다. 그러니 한번 세운 계획에 갇혀 있지 않기 바란다. 언제든지 변화를 맞을 준비를 하고 새로운 일들을 과감하게 시도해도 된다.

무엇이 성공을 방해할까?
What hinders success?

수천 명의 삶을 지켜보면서 깨달은 것이 있다. 즉시 행동으로 옮기고 배워가면서 방향을 바꿔가는 태도가 그 어떤 잘 짜인 계획보다 중요하다는 것이다. "어떤 진로를 택해야 할까?"를 한 번도 고민하지 않고 엄청난 성공을 거둔 사람이 수없이 많다는 걸 아는가? 대표적 사례를 트위터 설립자 중에 한 사람인 잭 도시의 경우에서 찾아볼 수 있다.

잭 도시는 어릴 때부터 여러 도시의 지도를 무척 좋아했다. 아이들이 붙여놓곤 하는 캐릭터 주인공 대신, 여러 도시 지도를 자기 방 벽에 붙여놓았을 정도였다. 어느 날 아버지가 사온 컴퓨터에 흠뻑 빠져든 잭은 곧 일러스트 프로그램을 이용해 자신만의 도시 지도를 만들기 시작했다. 시내 거리를 달리는 기차와 버스가 점으로 표기되도록 프로그램화 했다. 어느 날 잭은 우연히 경찰들이 무전 통신기를 통해 주고받은 대화를 듣게 되었다. "아! 저 무선 통신 정보를 내 프로그램에 연결시켜 봐야겠어! 경찰차와 앰뷸런스가 시내를 돌아다니는 걸 볼 수 있게 하는 거야."

잭은 이 생각을 원래의 프로그램에 추가 기능으로 더했다. 그렇게 완성된 프로그램을 놓고 보니 자신의 프로그램이 디스패치 Dispatch인력이나 차량을 고객에게 할당해주는 서비스 분야 프로그램과 거의 유사하다는 사실을 알게 됐다. 호기심이 생긴 그는 뉴욕시의 디스패치 관련 소프트웨어 프로그램의 코드를 모두 살펴보기 시작했다. 그런데 그 프로그램에 보안상 오류가 있었다. 그는 곧장 소프트웨어 회사의 CEO에게 이메일을 보냈다. 프로그램에 보안상의 오류가 있으며 이를 고칠 방법이 있다는 메시지를 전한 것이다. CEO는 잭을 불러 곧바로 그를 채용했다.

시간이 흘러 잭 도시는 1998년에 자신의 상사와 함께 디스패치 차량에 서비스를 제공하는 디넷dNet이라는 회사를 창립하게 되었다. 회사의 CEO를 임명하고 자금도 유치했다. 그런데 때마침 기술주에 붙어 있던 주가의 거품이 붕괴되었다. 사업 전략을 두고 잭과 회사는 잦은 마찰을 겪을 수밖에 없었다. 어이없게도 자신이 임명한 CEO는 잭과 그의 상사를 해고해 버렸다.

회사를 그만둔 후 잭은 다양한 컴퓨터 프로그램을 만들며 시간을 보냈다. 그것이 취미이기도 했고 달리 할 일도 없던 터였다. 그러다 문득 '메시지 전송을 더 쉽게 해줄 프로그램을 개발해 보면 어떨까?'라는 생각이 들었다.

2000년 잭은 핸드폰에서 자신의 상태를 알리는 간단한 프로그램을 개발했다. '지금은 회의 중입니다'와 같은 상태 메시지를 핸드폰으로 보내면 친구들의 이메일에 메시지가 뜨는 방식이었다. 하지만 친구들의 반응은 싸늘했다. 이 프로그램이 그다지 유용하지 않다는 것이다. 우선 당시에 핸드폰을 가진 친구들이 몇 되지 않았다. 더구나 왜 친구가 아침에 뭘 먹었는지 등에 대한 업데이트 메시지를 꾸준히 받는 게 재미있다는 건지 알 수 없다는 식이었다. 이런 저런 이유로 여러 프로그램들을 만들어보고 해체하기도 하면서 시간을 보냈지만 잭 역시 직업이 필요했다.

생각해 보니, 어릴 적 스케치를 좋아했던 경험을 살려 일러스트 작가가 될 수 있지 않을까라는 생각이 들었다. 그래서 세인트 루이스에서 공부를 시작하기로 했다. 하지만 얼마 지나지 않아 그 일이 자신에게 맞지 않는다는 걸 분명히 느낄 수 있었다. 그러던 어느 날 손목이 몹시 아팠다. 단순한 근육통이긴 했지만 마사지가 큰 효과가 있다고 들어서 받아보기로 마음먹었다. 그렇게 몇 번 찾아가 마사지를 받아보니 요법이 정말 신통했다. 마사지 요법에 홀딱 반한 잭은 수천 시간에 달하는 훈련을 받고 자격증까지 따고야 말았다. 의기양양 이제 마사지사가 된 잭은 돈을 벌기 위해 샌프란시스코로 돌아왔다. 하지만 그곳엔 이미 마사지사가 넘쳐나고 있어서 돈벌이가 거의 불가능한 상태였다.

어쩔 수 없이 잭은 친구의 어린 딸의 보모로 아르바이트를 해야 했다. 그리고 곧 오데오^{Odeo}라는 회사에 취직하게 되었는데 오데오는 팟캐스트^{Podcast 인터넷 이용자들이 구독하는 형태로 진행되는 방송}를 위한 소프트웨어를 만드는 신생 회사였다. 하지만 잭은 팟캐스트에는 관심이 없었을 뿐 아니라 프로그래머로 진로를 굳힌다는 데 회의가 들었다. 그러던 중 애플에서 아이튠 기능이 새로 출시되었다.

이 프로그램은 사람들이 팟캐스트를 만들고 공유하는 것을 매우 쉽게 만들어 놓았다. 졸지에 오데오의 주력 상품이 무용지물이 될 지경이 되자 다급해진 사장은 직원들에게 새 비즈니스 아이디어를 재차 요구했다. 그래서 잭은 이전에 발명한 핸드폰 문자 기반의 블로그 서비스를 제안해 보기로 했다. 회장은 이 아이디어를 듣자마자 개발을 위한 자금을 마련해주었고 직원들과 〈트위터〉라는 소프트웨어를 출시했다. 트위터는 이내 독자 회사를 설립할 정도로 성공적이었고 당시 29세였던 잭은 트위터의 창립 CEO가 되었다. 5년 뒤, 트위터는 세계 2억 명 이상의 이용자를 보유하게 되었다. 게다가 구글, 마이크로소프트와 페이스북 등의 유수 기업으로부터 80억 달러 규모의 매각 제안도 거절할 정도의 고속 성장을 이뤘다.

그의 사업가적 자질은 트위터에서 멈추지 않았다. 하루는 친구인 짐 맥켈비와 통화를 하게 되었다. 유리 조각가인 짐은 통화 당일, 2천 달러의 유리병을 신용카드 문제로 팔 수 없게 됐다고 토로했다. 전직 프로그래머였던 친구와 잭은 통화 내내, 왜 소규모 사업자들이 신용카드를 통한 판매가 어려운지에 대해 얘기했다. 이날의 통화는 아이폰에 끼워서 사용하는, 비싸지 않은 신용카드 단말기를 만들면 된다는 결론으로 모아졌다. 이들은 재빨리 신용카드 단말기 샘플과 거래를 처리하는 소프트웨어를 만들어 투자자들에게 선보였다. 투자자들은 이 새로운 사업안에 열광

했다. 그렇게 자금을 유치한 그들은 스퀘어^{Square}라는 회사를 공동 창립했다. 스퀘어에서는 스마트폰 유저라면 누구나 사용할 수 있는 무료 신용카드 단말기를 만들었다. 창립 1년 만에 스퀘어는 75만 군데의 거래처와 계약을 하고 20억 달러 규모의 거래를 유지하는 회사가 되었다.

잭 도시의 이런 놀라운 성공비결은 무엇일까? 그에게는 세심한 계획 따위는 안중에도 없었던 것으로 보인다. 또 어떻게 보면 너무 드라마틱하기까지 하다. 특정 직업이나 목표를 미리 결정하고 노력하는 대신, 수년 동안 컴퓨터 프로그래밍, 식물 일러스트, 패션 디자인, 마사지사 등 다양한 일을 시도했을 정도다. 탐색한 모든 진로가 실현되지도 않았다. 그런 그에게 한 가지 분명한 장점은 해보고 싶은 다음 타깃으로 행동을 옮기는데 시간을 지체하지 않았다는 사실이다. 물론 잭 도시가 했던 모든 행동이 옳았다고 말하는 게 아니다. 일반적인 사람이 따르기엔 다소 무리가 되는 선택들도 거침없이 시도했으니 말이다. 똑같이 행동하고 선택한다 해도 그가 이룬 엄청난 부는 얻지 못할지도 모른다. 하지만 누구나 자신의 호기심을 따라 자신이 즐기는 일을 할 권리는 있다. 성공이란 다른 사람의 기대를 충족시키는 게 아니다. 오직 자신에게 맞는 삶을 이루는 데서 얻을 수 있을 뿐이다.

이 개념을 소설가인 아나 퀸들렌의 1999년 마운트 홀리요크 대학^{Mount Holyoke College} 졸업 연설에서 들어보자.

"제가 전업 주부가 되기 위해 「뉴욕타임즈」를 그만뒀을 때였습니다. 세상이 온통 저보고 미쳤다고 말하는 것처럼 느꼈죠. 전업 주부에서 소설가로 전향한다고 했을 때도 그런 느낌을 받았어요. 그래도 전 행복했죠. 제 기준에서는 성공한 거였으니까요. 자신이 인정하는 성공이 아닌 세상에 잘 보이기 위한 것은 진정한 성공이 아니지요. 내가 만족할 수 없으니까요. 우리 모두가 영화배우 릴리 톰린의 말을 기억할 필요가 있어요. '쥐들끼리의 경주에서 이기면 뭐하나요. 그래봤자 내가 쥐일 뿐인데.'"

꿈을 이루기 위한 가벼운 접근법
The Lean Approach to Careers

비즈니스에서 말하는 가벼운 접근법은 보람찬 커리어를 쌓을 때도 충분히 적용 가능하다. 진로를 정할 때 역시 가벼운 접근은 필요하다. 행동에 뛰어들고 실험하며 정보를 모아서 방향을 수정해 가는 것이다. 큰 투자나 장기간의 헌신 없이 말이다. 실제적인 조언을 살펴보자.

1. 최소한의 가시적 행동을 계획하라.

이것은 다음 단계의 행동으로 이어주는 필수 행동이다. 3개월, 1년 혹은 5년 단위의 준비 계획을 세우느라 걱정할 필요는 없다. 그 대신 다음 한 주간 경험할 것과 그것을 통해 배울 점에 집중한다.

2. 새로운 것을 시도하게 하여 많은 것을 배우게 하는 '작은 행동'들에 노력을 기울여라.

곧바로 피드백을 얻을 수 있는 행동들을 즐겁게 시도한다.

3. 당신이 호기심을 느끼는 직업에 대해 갖고 있던 가정이 옳은지 그른지 확인하라.

특정 직업에 대해 남들이 하는 말이나 책이나 TV에서 보고 들은 것을 곧이곧대로 믿을 필요는 없다. 그 일이 얼마나 힘들지, 내가 그 일을 잘할 수 있을지 알아보라. 관련된 자원봉사를 지원하거나 관련 분야의 개론 수업을 수강할 수 있다.인턴십 또는 파트타임으로 일해 볼 수 있는지 알아보라.

4. 도중에 방향을 전환할 수 있음을 예상하라.

진행 과정에서 크고 작은 수정은 당연함을 인정하자. 비록 그 직업을 위한 시간과 자원을 투자했어도 한 가지 직업만을 고수할 필요는 없다.새롭게 배우고 흥미를 느끼는 것에 따른 방향 수정은 지극히 당연하다.

5. 자세히 알기 전까지는 교육과 훈련, 준비 과정에 큰 투자를 삼가라.

어떤 일을 시도해 보고 자신의 생각을 확인하기 전까지는 장기적인 시간과 비용을 쏟아서는 안 된다. 예를 들어, 의사가 되고 싶다면 병원에서 자원봉사를 해보고 화학수업을 들어보는 것 등의 시도를 해보라. 또한 의예과에 들어가기 위한 계획을 실행하기 전에 MCAT^{Me} dical College Admission Test, 의과 대학 입학 자격 고사 연습을 어떻게 하는지 확인하라.

6. 진로 계획을 사람들에게 알리지 마라.

가족이나 주변 친구들이 어떤 진로를 택할 것인지 물으면 정확한 답을 피하라. 대신, "여러 가지 가능성을 알아보는 중이에요"라고 답하며 의견을 구하라. 부담 없이 정보를 수집하며 진로 방향을 바꾸기 쉬울 것이다. 중도 포기자라는 당황스러운 말을 듣거나 방향 수정에 대한 부담감을 미리 차단할 수 있다.

우유부단한 것은 제각각의 지연을 가져온다.
그리고 잃어버린 날들을 한탄하며 하루하루를 잃는다.
할 수 있거나 할 수 있다고 꿈꾸는 게 있다면 지금 시작하라.
대담함에는 재능과 마법과 힘이 함께 할 테니.
지금 바로 시작하라.

- 요한 볼프강 폰 괴테, 독일 작가, 예술가, 정치가

Be an Innovator

Chapter 8

고정된 틀에서 벗어나는
혁신가가 되어라

문제 앞에서 '어떻게'라는
질문을 던지라고 배웠는가?

어떻게 하면 회사매출을 올릴 수 있을까?
어떻게 하면 실적을 더 올리고
더 성공할 수 있을까?를 먼저 물으라고 말이다.

그러나 이미 자신이 알고 있는 지식이나
가정을 전제로 두고 해답을 찾는 셈이었으니
뾰족한 수가 없을 수밖에.

좋은 아이디어를 얻는 방법은 아이디어를 많이 얻고 나쁜 아이디어는
버리는 것입니다.

- 라이너스 폴링, 노벨 화학상과 노벨 평화상 수상자 겸 평화 운동가

사람이 변하리라고 생각하는 것은 환상이고 착오입니다.
외부 세계만 바꿔 놓으면 사람이 달라지는 게 아닙니다.
혹은 새 스승이나 새로운 영성을 얻는다고 해서
그게 사람을 바꿔 놓지는 않습니다.
그건 펜을 바꾸는 일로 글씨를 바꿀 수 있다고
생각하는 것과 같습니다.
혹은 모자를 바꾸는 게 사고 능력을 바꾸는 거라고요.
그런 것이 실제로 사람을 변화시키지 않는데도
외부 세계를 재배치하느라고 힘을 쏟고 있습니다.
더러는 성공하고 잠시 휴식을 얻지만
그런 휴식 동안에도 긴장합니다.

'행복하고자 하는 사람은 자주 변해야 한다.'
하지만 우리는 계속 되돌아봅니다.
과거에 매여 현재와 미래를 제대로 볼 수 없죠.

선율을 즐기고 싶습니까?
교향곡을 즐기고 싶다면
곡의 몇 대목에 한두 음절에
매이지 마십시오.
지나가고 흘러가게 하십시오.
음들을 흘려보낼 준비가 되어 있을 때
교향곡을 온전히 즐기게 됩니다.
특정한 대목이 마음에 든다고 해서 교향악단에게
"그 대목을 계속 연주해요. 계속. 계속."하고 외친다면
그 연주는 교향곡이 될 수 없는 겁니다.

- 앤소니 드 멜, 『깨어나십시오』

다른 방법으로 보면 다르게 보인다

Be an Innovator

> '어떻게'라는 질문은 자신이 이미 알고 있는
> 지식이나 가정을 전제로 한 질문이다.

혁신이란 자신과 세상에 가치 있는 새로운 방법을 만드는 것이다. 아울러 개인의 성공의 핵심 요소다. 당신이 엔지니어, 세일즈맨, 트럭 운전사, 선생님, 회계사, 자영업자 등 어느 직업군에 종사해도 혁신은 필요하다. 어떤 직업을 가졌든지 문제를 해결하고 전략을 짜며 새로운 실천 법을 발전시키고 일을 좀 더 효과적으로 하기 위해서라면 창의성은 필요하다. 창의성과 통찰력은 개인의 삶을 풍요롭게 하는 데 매우 중요한 요소다. 이것들을 우리 삶에서 더욱 증장하기 위한 혁신적인 방법의 예는 다음과 같다.

• 더 든든한 친구이자 동료가 되기

- 자신의 재능과 열정을 드러내는 특별하고 복합적인 커리어 만들기

- 운전, 식사 준비, 빨래와 같은 일상적인 일을 더 편안하고 에너지가 충전되는 방식으로 하기

- 자녀와 함께할 재미있는 게임을 만들기

- 자신에게 중요한 사람들과 의미 있는 일상을 만들기

- 다른 이들이 그들만의 장점을 깨닫고 더 나은 사람이 되도록 돕기

- 삶의 신성함을 깨닫게 해주는 고요와 평온의 시간 갖기

브리검 영 대학교의 제프 다이어 교수, 인시아드의 할 그레거슨 교수, 하버드 비즈니스 스쿨의 크레이튼 크리스텐슨은 그들의 저서 『혁신가의 DNA: 파괴적 혁신가의 5가지 기술 마스터하기 The Innovator's DNA: Mastering the Five Skills of Disruptive Innovators』에 8년간의 합동 연구 결과를 실었다. 연구의 목표는 창의적 비즈니스 아이디어의 기원을 찾는 것이었다. 저자들은 혁신적인 상품 발명가 100명 이상을 인터뷰했다. 또한 혁신을 주도한 회사의 CEO들, 예를 들어 이베이의 피에르 오미다이어, 아마존의 제프 베조스, 세일즈포스닷컴의 마크 베니오프 등이였다. 더불어 75개국을 넘나드는

500명 이상의 발명가와 5천 명 이상의 CEO들에 대한 다면 평가 자료도 수집했다.

연구에 따르면 그들은 창의적인 삶의 방식을 갖는데 뛰어난 지능지수나 아이비리그 졸업장 같은 건 필요치 않음을 보여주었다. 그보다 새로운 경험을 적극적으로 찾아 나서고 호기심을 갖는 습관이 더 중요한 요소임을 강조했다. 다음 가정으로 그 설명을 들어보자.

당신에게 일란성 쌍둥이 형제가 있다고 가정해 보십시오. 두 사람 모두 지능이 같고 타고난 재능도 같습니다. 두 사람 모두 일주일 안에 새로운 창의적 사업계획안을 제출해야 합니다. 당신은 좋은 아이디어를 내기 위해 열심히 궁리 중입니다. 반면, 당신의 쌍둥이 형제는 10명의 사람들과 사업 아이디어에 대해 얘기를 나눕니다. 그들은 엔지니어, 음악가, 전업주부 역할의 아버지, 디자이너가 포함되어 있습니다. 또한 혁신적인 창업으로 평가받는 세 곳의 기업을 방문합니다. 그는 그곳 사람들이 무엇을 하는지 관찰합니다. 그리고 스스로에게 묻죠.

'내가 이 상품을 만들어보면 어떨까?' 혹은 '이 사업이 잘 되지 않는다면 그 이유는 뭘까?'라고 묻습니다.

이 모든 네트워킹과 관찰, 실험을 하는 동안 적어도 하루에 10번은 이 질문을 던집니다. 생각해 보십시오. 당신과 당신의 쌍둥이 형제 둘 중 누가 더 창의적이고 쓸모 있는 아이디어를 낼까요? 아마도 당신의 형제이겠지요. 그 이유는 그가 유전적으로 창의성이 더 많았기 때문이 아닙니다.

제프 다이어 교수뿐 아니라 기업 성공을 다룬 수많은 연구도 같은 결론에 도달했다. 성공한 CEO들은 성격과 인지능력 면에서 여느 회사 간부와 별반 다르지 않았다. 하지만 그들이 하는 행동은 상당히 달랐다. 이 장에서는 창의성을 깨우고 삶에 새로운 가능성을 부여할 다섯 가지 쉬운 방법을 살펴볼 것이다.

익숙한 것을 새롭게 보는 뷰자데 현상
See the World Like an Anthropologist

기회는 종종 당신이 처음에는 알아차리지 못한 것입니다.

- 카트린 드뇌브, 프랑스 영화배우

당신이 우주선을 타고 지구에 처음 온 외계인 인류학자라고 상상해보자. 세상이 어떻게 보일까? 지구에 처음 방문한 것이니 모든 것이 새로울 것이다. 이 시선이 바로 혁신가로 거듭나는 태도다. 모든 것을 새롭고 호기심 가득 찬 눈으로 바라보는 것이다. 창의적이 되고 싶고 혁신적인 아이디어를 내고 싶다면 열정적이고 적극적인 관찰이 필요하다. 언제 어느 때라도 인간관계나 관습의 다양성에 놀라고 호기심을 가지는 방식이다. 수많은 비즈니스 방식, 테크놀로지가 사용되는 양상, 사람들의 일상이 테크놀로지와 미디어에 의해 어떻게 움직이는지 등에 대해서도 마찬가지로 호기심을 가져야 한다. 앞서 소개한 창의성 분야의 학자인 제프 다이어 교수와 그의 동료들은 성공적인 혁신가 대부분이 마치 자신이 인류학자인 것처럼 행동한다는 사실을 발견했다.

즉, 자신의 주변 환경과 사람들의 행동에 깊은 주의를 기울이는 것이다. 세계적인 디자인 컨설팅 회사 아이디오의 톰 켈리 대표는 그의 저서 『유쾌한 이노베이션 The Art of Innovation』에서 이렇게 말했다.

"아이디오의 가장 중요한 창의력의 원천은 인류학자와 같은 관찰입니다."

예리한 관찰자가 되기 위한 조건은 선불교에서 초심 Beginners mind 이라고 부르는 것이다. 마치 세상을 처음 보는 것 같은 눈으로 보는 것을 뜻한다. 제프 다이어 교수와 그의 동료들은 이것을 뷰자데 vuja de 현상이라고 이름 붙였다. 잘 알려진 대로 데자뷰 현상은 어떤 것을 경험할 때 이전에 마치 경험해본 것 같은 느낌을 뜻한다. 정말 처음 겪는 일이라도 말이다. 하지만 뷰자데 현상은 이미 여러 번 접한 익숙한 대상과 경험이라도 완전히 새로운 느낌으로 보는 것이다.

많은 기업가들은 삶의 일상적인 측면을 관찰하면서 혁신적인 아이디어를 생각해낸다. 인도의 자동차 회사인 타타 그룹 Tata Group 회장인 라탄 타타의 경우를 살펴보자. 타타는 일상을 유심히 관찰해서 혁신적인 아이디어를 찾아낸 기업가의 좋은 예다.

그가 자란 인도는 스쿠터가 수백만 가정의 주요 교통수단으로 애용되고 있다. 스쿠터 단 한 대에 많은 가족이 끼어 앉아 가는 것은 인도 거리의 흔한 광경이다. 그러나 타타는 어느 비 오는 날 뭄바이에서 보게 된 흔한 광경에서 새로운 시도를 결심하게 된다. 그것은 세상에서 가장 저렴한 차를 만들겠다는 각오였다. 그 계기는 퇴근 중 보게 된 어느 가족으로부터 시작됐다.

한 남자가 스쿠터를 몰고 가는데 그의 큰아이는 핸들 바로 뒤에 서 있고 남자의 옆에는 둘째를 무릎에 올려놓은 그의 아내가 타고 있었다. 4명의 가족 모두 굵게 내리는 비를 맞아 흠뻑 젖은 채로 머리를 감싸 쥐고 어디론가 향하고 있었다. 타타는 그 가족을 보고 생각했다. '이 가족이 싼값으로도 살 수 있는 자동차가 있다면 저렇게 비를 쫄딱 맞지 않아도 될 텐데.'

이 생각은 그가 대중의 차를 만들 수 있는 다양한 방법을 궁리하게 만들었다. 중하류 계층의 사람들도 소유할 수 있는 그런 자동차여야만 했다. 타타는 엔지니어 몇 명을 불러들였다. 그리고 수년간 여러 자동차 모델을 만들며 실험했다. 그렇게 세상에서 가장 값싼 차인 나노 ^{Nano}가 탄생했다. 나노는 2009년에 2천 2백 달러라는 저렴한 가격에 출시되었다. 그리고 놀라운 성공을 거뒀다. 출시 후 몇 개월 되지 않아 20만 달러의 주문이 쏟아질 정도였다. 나노는 2010년 올해의 인도 자동차로 뽑히기도 했다. 업계의 판도를 바꾼 나노의 시발점은 단순했다. 이미 수백 번도 더 본 광경을 새로운 호기심을 갖고 관찰한 것뿐이었다.

같은 물건을 오래토록 바라보면
눈이 흐려져 결국 아무것도 보이지 않게 된다.
그와 마찬가지로 한 가지 일만 계속해서 생각하면
오히려 이해하기 어려운 경우가 있다.

- 쇼펜하우어

진지한 관찰이 업계에 일약 혁신을 불러일으킨 또 다른 사례를 살펴보자. 바로 스콧 쿡이 창시한 재무관리 소프트웨어 회사인 인튜이트^{Intuit}의 경우다.

어느 날 쿡의 아내는 가계부를 정리하고 있었다. 아내는 모든 지출을 일일이 점검해야 한다는 게 얼마나 짜증나고 힘든 일인지를 말하며 투덜대고 있었다. 몇 년 동안 가계부를 써온 그의 아내는 매번 그에게 똑같은 일로 투덜대고는 했다. 쿡은 아내의 투정을 계기로 '개인 재무를 관리하는 소프트웨어를 만들면 어떨까?' 라는 생각을 하게 된다.

그렇게 만들어진 소프트웨어가 인튜이트다. 인튜이트는 재무관리 소프트웨어인 퀵 북^{Quick Book}을 출시하며 연 매출 35억 달러에 달하는 세계적 기업이 되었다. 후에 그의 회사에서는 진지한 관찰과 끊임없는 질문이 하나의 비즈니스 관례가 되었다. 쿡은 이렇게 말했다.

"인튜이트에서는 직원들에게 무언가 관찰할 때 두 가지 자문을 권합니다. 무엇이 놀랍고 새로운가?와 내가 예상한 바와 어떤 점이 다른가?를 말이지요. 진정한 배움과 창의는 이 두 가지에서 시작하기 마련이니까요."

모든 긍정적인 습관을 기를 수 있듯이 관찰력 또한 발전이 가능하다. 주변 환경에 주의를 기울여 보라. 그전에는 눈치채지 못했던 멋진 디테일들로 가득한 세상이 될 것이다. 관찰력을 발달시키기 위해서 우선적으로 살펴봐야 할 몇 가지 대상들이다.

• 주변 환경

오늘의 하늘은 어떤 모습인가? 땅이 축축한가, 아니면 말라있는가? 어떤 소리들이 들리는가? 뭔가 특별한 냄새가 나지는 않는가?

- **주변 사람들**

  사람들이 어떤 옷을 입고 있으며 무엇을 들고 다니는가? 사람들이
  행복하거나 슬퍼 보이는가? 아니면 다른 어떤 표정을 짓고 있는가?
  사람들이 공통적으로 하는 행동은 무엇인가?

- **과학기술**

  당신이 늘 사용하는 사물들을 살펴보라. 컴퓨터, 의자, 신문 등의 사
  물들이 일상 경험에 어떤 영향을 미치는가? 또한 주변에 보이는 건
  물, 자동차 등의 디자인이나 외양에 대해 어떤 느낌을 갖는가?

- **자신의 몸과 마음**

  당신의 기분은 어떠한가? 배고프거나 피곤하지는 않은가? 어떤
  일에 열정을 느끼는가? 만약 스트레스를 받는다면 그 이유는 무엇
  인가?

- **자연**

  어떤 식물, 나무나 다른 생물들이 보이는가? 그들은 무엇을 하고 있
  는가? 어떤 점들이 흥미롭거나 놀라운가? 자연에 가까이 갔을 때
  어떤 느낌의 변화가 있는가?

• 미적인 특징과 그 의미

주변 환경에서 어떤 것이 아름답고 관심을 끄는가? 어떤 면이 당신을 감동시키고 특별한 감정을 불러일으키는가? 주변 환경의 전체적인 분위기는 어떠한가?

30초 스냅샷 찍기
The 30-Second Snapshot

관찰력을 키우는 간단한 실천법을 하나 소개하고자 한다. 바로 30초 스냅샷이라고 부르는 것이다. 그 기본 개념은 간단하다. 자신을 매우 민감한 기록 장치라고 상상하는 것이다. 말하자면 고도의 총천연색, 홀로그램 기능을 가진 카메라다. 주변의 소소한 일상을 그대로 담아낼 수 있고 보고, 듣고, 만지고, 냄새를 맡으며 맛을 보는 모든 내용을 고스란히 기록할 수 있다. 이제 30초 동안 주변 환경의 모든 디테일을 기록해 보자. 위아래, 가까이 그리고 멀리 스캔해 보라. 소리를 들어보고 물건의 촉감을 느껴보자. 당신의 스냅샷이 주변의 모든 것을 하나도 놓치지 않게 해야 한다. 그렇게 30초 동안 무엇에도 방해 받지 않은 채 주위 환경을 감지하라.

이 방법을 하루에 몇 번 정도 시도해 보자. 마음을 열고 세상에 주의를 더 기울이는 데 많은 도움을 줄 것이다. 또한 흥미롭거나 놀랍거나 의미 있는 것들을 놓치지 않는 호기심을 유지할 수 있도록 돕는다.

'어떻게'가 아니라 '무엇을'
Be Inquisitive

창의적이지 않은 마음은 오답을 찾아낼 수 있지만 잘못된 질문을 찾아내기 위해서는 매우 창의적인 마음이 필요합니다.

— 안토니 제이, 영국 작가, 방송인 및 배우

나는 내가 이해하지 못하는 것에 대한 답을 찾기 위해 시골을 배회했습니다. 바다에서 흔히 볼 수 있는 산호와 해초의 흔적과 조개껍데기가 함께 산꼭대기에 존재하고 있는지 궁금했습니다. 번개가 만들어져서 보이는 시간보다 천둥소리가 더 오래 지속되는 이유와 번개의 빛은 생성되는 즉시 눈에 보이는 반면, 천둥소리는 귀에 들리기까지 시간이 필요한 이유들을요.

이런 질문과 다른 이상한 현상은 평생 동안 내 생각을 사로잡았습니다.

— 레오나르도 다빈치, 이탈리아 르네상스 화가, 조각가, 건축가, 발명가

혁신가들은 매우 탐구적이다. 그들은 '이건 왜 이런 식이지? 이게 정말 무엇 때문에 그런거지? 무엇을 좀 다르게 해볼 수 있을까?'와 같은 질문을 끊임없이 던진다.

좋은 질문을 하면 놀라운 통찰력을 얻을 수 있다. 폴리오 백신을 발견한 뛰어난 과학자 요나스 솔크는 이렇게 말했다. "해답을

발명해 낼 수는 없지요. 그저 바른 질문을 던짐으로써 해답을 자연히 드러내는 것뿐입니다."

가장 위대한 발명은 가장 간단한 질문에서부터 시작되곤 한다.

광학 분야 전문 물리학자인 에드윈 랜드는 가족들과 휴가를 즐기는 동안 딸의 사진을 찍었다. 참을성이 모자라는 세 살배기 그의 딸은 "왜 바로 사진을 볼 수 없어요?"라고 졸라댔다. 이 말을 들은 에드윈 랜드는 생각하기 시작했다. '대상의 이미지를, 사진의 필름이면서 동시에 사진 자체로도 기능할 수 있는 감광성 표면 위에 담는 게 가능할까?'

이 질문은 그가 폴라로이드즉석 카메라를 발명하게 만든 직접적인 이유가 되었다. 폴라로이드는 150만 대 이상 팔린 전설적인 제품인 동시에 사진 업계에 일대 혁신을 일으킨 제품이다. 물론 에드윈 랜드가 사진 유제에 관한 풍부한 지식을 갖춘 뛰어난 과학자이긴 했다. 하지만 사진업계의 선입견에서 완전히 벗어나게 만든 것은 그저 세 살배기 딸의 순진무구한 질문이었다.

창의력은 이미 존재하는 문제에 질문 내용을 재구성할 때 생겨나기도 한다. 심혈관용 스텐트를 발명한 윌리엄 헌터 박사의 경우가 그렇다. 스텐트란 혈관 폐색을 막기 위해 수술 할 때 삽입하는 그물 튜브다. 하지만 스텐트 위에 반흔 조직이 형성되어 혈관을 다시 막는 일이 허다했기 때문에 실패가 잦았다. 당시 수많은 의료 기기 업체들은 '어떻게 하면 더 나은 스텐트를 만들 수 있을까'라는 고민에 빠져있었다. 헌터는 이 질문을 바꿔보았다.

'몸이 이 스텐트에 어떻게 반응을 하길래 이렇게 자주 실패하는 걸까?'

이 질문에 대한 고민은 약 성분을 코팅한 스텐트를 발명해내는데 획기적인 역할을 했다. 약 성분을 바른 스텐트가 반흔 조직의 형성을 현저히 줄여주었기 때문이다.

우리는 문제에 앞서 늘 어떻게라는 질문을 던진다. '어떻게 하면 회사의 매출을 올릴 수 있을까? 어떻게 하면 실적을 더 낼 수 있을까? 어떻게 하면 좀 더 저축하고 살을 빼고 골프 스코어를 올릴 수 있을까?' 등이다. 하지만 '어떻게'라는 질문은 이미 알고 있는 지식이나 가정을 전제로 한 질문이다. 그렇기 때문에 문제를 해결하는데 분명한 도움이 아닐 때가 많다. 이미 알고 있는 사실에 근거해 생각하기 때문이다. 따라서 문제에 대한 바람직한 첫 질문은 '무엇을'에 관해 묻는 것이다. '무엇을'에 대한 질문은 현 상황의 제약에서 벗어나 다른 가능성들을 탐험하도록 돕는다.

다음의 예를 살펴보자.

- 인생에 활력을 불어넣기 위해 할 수 있는 다섯 가지 새로운 일들은 무엇일까?

- 만약 자동차 할부금과 주택 모기지가 없다면 무엇을 할 수 있을까?

- 현재 무시하고 있는 가장 큰 우선순위는 무엇일까?

- 지금 할 수 있는 가장 중요한 창의적 도전은 무엇일까?

- 지금 나를 정말 힘들게 하는 건 뭐지?

- 만약 10년 정도 젊었다면 무엇을 할 수 있을까? 그랬다면 지금 어떤 모습일까?

- 시도했지만 실패했던 세 가지 일들은 무엇이었지? 그리고 그 일들에서 내가 무엇을 좀 다르게 해볼 수 있었을까?

- 내가 인간관계에서 가장 부족하다고 느끼는 건 뭘까?

- 지난 4년간 로스쿨 학위를 따는데 시간을 보내지 않았다면 어땠을까? 지금쯤 무엇을 하고 있을까?

- 이 문제를 내 친구의 관점에서 생각했다면 무엇이 달랐을까?

- 이 일에 삶을 헌신하지 않았다면 무엇이 달랐을까?

- 내 인생이 하룻밤 사이에 완전히 긍정적인 방향으로 바뀐다면 어떨까? 아침에 일어나면 어떤 기분이 들까? 무엇이 달라져 있을까?

- 만약 IT업계 일이 두드러기가 날 정도로 싫어진다면 그 대신에 무엇을 할 수 있을까?

- 만약 인도네시아 발리에서 살았다면 어땠을까? 매일 무엇을 하고 지낼까?

- 만약 마법의 번개를 맞아서 능력이 다 사라져 버린다면 어떨까? 학력과 다년간의 경험, 여러 페이지로 된 이력서, 연락처 등이 다 날아간다면? 내가 맨 처음 해야 할 일이 무엇이 될까?

- 인생을 돌이켜 볼 때, 나는 무슨 말을 할 수 있을까? 어떤 부분은 받아들일 만하고 어떤 부분은 완전히 시간 낭비일까?

- 정말 두려워하는 게 무엇이고 버려야 할 것들은 또 무엇일까?

'왜?'라고 묻는 것은 의식하지 못하고 있던 가정들, 스스로 정해버린 제한들을 깨닫는 데 도움이 된다. 그 예는 다음과 같다.

- 왜 지금 의사가 되는 걸 시도하기에 너무 늦었다고 느끼는 걸까?

- 왜 가까운 친구들이 주변에 없는 걸까?

- 왜 자신이 성공한 것 같은 기분이 별로 들지 않는 걸까?

- 왜 이렇게 수입이 부족할까?

- 왜 그렇게 위험을 감수하기가 싫은 걸까?

- 부모님과 친구들이 어떻게 생각하는지 왜 그렇게 신경 쓰는 걸까?

- 왜 겨우 그 정도로 만족할까?

- 직장이 그렇게 싫으면서 왜 그만두지 못할까?

- 왜 그렇게 자책을 자주 할까?

- 왜 특정 학교로부터 입학 허가를 못 받거나 어떤 커리어로 성공하지 못 할 거라고 생각할까?

- 왜 내 자신이 준비가 안 되었다고 느낄까?

- 왜 내 사업 아이디어는 안 될 것 같다고 생각할까?

- 왜 기다리고만 있을까?

- 왜 내 자신이 부족하다고만 여길까?

- 왜 바꾸길 두려워할까?

- 나를 불행하게 하는 걸 알면서도 특정 행동을 왜 반복하는 걸까?

관찰과 질문을 꾸준히 기록하라
Keep an Observations and Questions Log

탐구적인 자세를 기르는 또 다른 방법은 일기에 관찰과 질문을 기록하는 것이다. 일상에서 자신의 호기심을 자극하거나 주의를 끄는 것을 찾도록 돕는 방법 중 하나다. 그렇게 찾은 것들을 유심히 관찰하고 간단히 기록한다. 도발적인 아이디어나 질문을 적어두는 것도 좋다. 사실 많은 저명한 혁신가도 이런 일지를 기록하는 것으로 알려져 있다. 발명왕 토마스 에디슨은 일정 양의 아이디어를 습관적으로 기록했다고 한다. 그런 기록을 담은 노트가 35권이 넘을 정도였다. 비슷한 예로 400개의 자회사를 거느린 버진 그룹 Virgin Group의 창립자이자 억만장자인 리처드 브랜슨도 이것저것 관찰하고 떠오른 여러 질문들을 적어두는 습관이 있었다.

창의성은 다감각 자극과 연관이 있다고 밝혀진 바 있다. 그러니 가능하면 관찰과 질문을 할 때 주변 환경의 모든 감각에 주의를 기울여라. 어떻게 보이는지, 어떤 냄새와 소리가 나는지 말이다. 만약 그림 그리는 것을 좋아한다면 일지에 스케치를 그려 넣는 것도 좋다. 아니면 작은 카메라를 가지고 다니면서 사진을 찍어두는 것도 괜찮다. 사진을 인화해서 일지에 붙이면 된다. 아마존의 창립자인 제프 베조스도 동일한 방법을 사용하는 것으로 알려져 있다. 그는 더 나은 방법에 대한 아이디어를 내기 위해 '정말 나쁜 혁신'을 사진에 담았다. 사진을 보며 좀 더 창의적인 방법을 떠올려 문제를 해결하도록 말이다.

당신의 창의성을 충전시켜라
Feed Your Creativity

발명은 엄밀히 말하면 이전에 수집되어 기억에 저장되었던 이미지들
의 새로운 조합에 불과합니다. 아무 것도 없는 것에서는 그 무엇도 생
길 수 없습니다.

- 조슈아 레이놀즈, 영국 초상화 화가

그냥 관찰하는 것만으로도 많은 것을 알게 된다.

- 요기 베라, 전(前) 미국 메이저 리그 야구 포수, 감독

창의적인 아이디어를 원하는가? 그렇다면 새로운 생각을 떠오르
게 하는 대상으로 자신을 자극할 필요가 있다. 컨설팅기업 액시
덴틀 크리에이티브 Accidental Creative의 CEO 토드 헨리는 그의 저서
『나를 뛰어넘는 법 The Accidental Creative』에서 창조적 생산성이 얼마나
개인의 정신양식에 의해 좌우되는지 서술했다.

어떠한 과정이든 그 결과의 질은 입력값input의 질에 달려 있어요. 창조
적 과정도 마찬가지입니다. 전 이런 창조적 인풋을 자극이라고 부릅니

다. 창조적인 사고를 자극한다는 의미에서요. 하지만 자극이 이렇게 중요함에도 불구하고 매일 일상 속에서 자극을 의도적으로 택해 받아들이려는 사람들은 거의 없어요. 만약 뛰어난 아이디어를 지속적으로 내고 싶다면 머릿속에 집어넣는 자극도 의도적으로 택해야 합니다. 옛말에 '쓰레기가 들어가면 쓰레기가 나온다'라고 말한 것처럼 말이죠.

앞서 소개한 제프 다이어 교수와 그의 동료들도 마음을 자극하는 것의 중요성을 강조한다. 이들은 많은 혁신가들이 일부러 참신한 아이디어를 얻을 수 있는 곳으로 돌아다니는 일화들을 소개했다. 애플의 스티브 잡스가 그 예다.

잡스와 그의 디자인팀은 맥 컴퓨터의 첫 버전에 사용할 적당한 플라스틱 재질을 찾느라 골머리를 앓고 있었다. 잡스는 고민을 잠시 내려놓고 백화점을 방문했다. 그리고 주방용품 코너로 발길을 돌리게 되었다. 그곳에서 잡스는 우연히 주방가전 쿠진아트Cuisinart에서 나온 조리도구를 보았다. 바로 거기서 맥에 사용하면 딱 좋을 만한 완벽한 플라스틱 소재로 마감된 도구를 발견했다. 또 한 번은 맥 컴퓨터에 쓸 금속 케이스를 회사 주차장에 있던 벤츠의 어느 모델에서 발견하기도 했다.

당신은 어떤가? 어디에서 자신의 창의적 에너지를 충전하고 있는가? 현대적인 미술관 갤러리를 가보는 것인가? 아니면 철물

점을 돌아보거나 테크놀로지 관련 컨퍼런스에 참가할 때인가? 식물원의 꽃들을 보러가거나, 지방의 벼룩시장을 무작정 돌아다닐 때인가? 과학 프로그램을 즐겨 보거나 자서전을 읽는 것, 인디 영화관에서 다큐멘터리 영화를 감상하거나, 단순히 집에서 명상의 시간을 갖는 것으로도 정신적 양식을 채울 수 있다. 신선하고 열정적이며 창의적인 기분으로 자신을 채워줄 장소와 활동할 일을 찾으라. 이것저것을 즐기며 시도해보라.

앞서 소개한 디자인 회사인 아이디오에서는 사내에 테크 박스 Tech Box라는 것을 마련해 둔다고 한다. 그 안에는 최신 기계들, 아름다운 디자인의 여러 실내용품, 창의적인 장난감들, 기발하고 엉뚱한 수백 가지 상품들로 가득 차 있다. 디자인을 고안해 내느라 브레인스토밍을 할 때, 사원들은 이 테크 박스안의 물건들을 천천히 돌아본다. 그러면 현재 자신들을 사로잡고 있던 고정관념에서 벗어나 새로운 아이디어와 연관성들을 떠올리는 데 도움이 된다고 한다.

이제 당신도 자신만의 아이디어 박스를 만들어보는 것은 어떤가? 마음을 움직일 수 있는 물건들로 가득 채워서 말이다. 그곳에 사진들, 잡지 기사들, 재미있는 도구들, 영감을 주는 인용문을 적은 것, 엉뚱해 보이는 장난감 등을 담아두는 것이다. 창의적인 영감이 필요할 때면 언제라도 상자에서 물건들을 꺼내 찬찬히 들여다 볼 수 있다.

창의성을 자극하는 또 다른 방법은 비범한 디자이너, 과학자, 예술가, 철학가 등에 관한 책이나 잡지를 읽는 것이다. 일을 시작하기 전, 몇 분간 흥미로운 책이나 기사를 읽어두면 새로운 아이디어가 떠오를 수 있고 창의성을 자극할 수 있다. 다양한 읽을거리 속에 자신을 노출시키는 재미있고 저렴한 방법은 오후 시간을 내어 가까운 서점에서 책을 둘러보는 것이다.

끊임없이 배워라
Be a Relentless Learner

저는 어린 나이에 교육을 시작했습니다. 사실 대학을 졸업한 직후였습니다.

- 윈스턴 처칠, 영국 총리 및 노벨상 수상 작가

창의적 활동은 교사와 학생이 같은 개인으로서 위치하는 일종의 학습 과정으로 설명할 수 있습니다.

- 아서 쾨슬러, 헝가리계 영국 작가이자 저널리스트

잠시 다음 문제에 대해 생각해 보자.

'삶의 방향을 결정짓는, 정말 중요한 것을 배운 시기는 언제인가?'라는 질문이다. 여느 사람들과 마찬가지라면 아마도 교실 밖에서 배운 경우가 많을 것이다. 어떤 기술과 배움이 미래 기회로 결정적인 역할을 할지 예견하기는 거의 불가능하다. 그러나 한 업계를 재정립할 만큼의 중요한 혁신은 그다지 중요해 보이지 않던 경험이 시발점인 경우가 많다. 요하네스 구텐베르크도 그가 익히 알던 포도주 짜는 기술로 문자를 대량으로 찍어내는 활판인쇄기 제작에 응용했다. 유명한 임스 의자를 만든 찰스 임스의 경우도 마찬가지다. 군함에서 일하며 익힌 합판 주조법으로 훗날 현대적 감각의 가구를 만드는데 응용했다. 스티브 잡스 역시 다양한 아이디어와 경험을 결합하는 능력이 탁월했던 것으로 잘 알려져 있다. 그가 매킨토시 컴퓨터에 장착할 최신 서체 디자인을 고안할 때 10여 년 전에 취미로 들었던 서예 강의에서 많은 영감을 얻은 것은 유명한 일화다.

물론 우리가 커리어에 도움이 되는 기술만을 배우는 것은 아니다. 삶을 즐기고 좀 더 성장하기 위해 많은 것을 배운다. 좋은 친구, 배우자, 부모, 공동체 구성원이 되는 법과 소박한 즐거움을 느끼고 짜증나는 일에 방해 받지 않는 법, 자신의 장점을 발전시켜서 남을 돕는 법 등을 배우지 않는가? 이러한 배움의 기회 역시 일상적인 장소에서 예상치 않게 생겨나곤 한다.

필자 중 한명인 라이언의 스탠퍼드대 박사학위 연구에서, 시간
이 지남에 따라 사람들의 가장 깊은 가치가 어떻게 발전하는지 알
아보기 위해 영적으로 헌신적인 사람들의 삶을 조사했다. 그는 사
람들의 영적인 삶을 형성하는 데 가장 큰 영향을 미친 통찰력이
겉보기에 평범한 순간에 종종 발생한다는 것을 발견했다.

예를 들어 사람들은 친구들과 조용한 저녁을 먹거나, 국제선
비행기에 앉거나, 숲에서 사슴에 걸려 넘어지는 동안 변혁적인 통
찰력을 경험한다는 것이다.

가장 중요한 배움은 언제 어느 때라도 일어날 수 있다는 사실
을 깨달으면 자신이 하는 어떤 일이라도 가치 있게 여기게 된다.
또한 예상치 못한 발견에도 언제나 마음을 열 수 있게 된다. 위험
감수나 실패 가능성에 대한 시각도 달라질 수 있다. 항상 배울 것
이 있다는 사실은 결과에 관계없이 어떤 일에서라도 무언가를 얻
는다는 뜻이다. 개인적인 어려움과 상실 속에서도 배울 점은 언
제나 그렇게 존재한다. 삶을 개선시키고 인간으로서의 성장을 도
울 수 있는 훌륭한 예를 람 다스의 경우로 들어보자.

그는 1960년대에 인도에서 공부한 영성 교사이며 『지금 여기
에 살라 Be Here Now』라는 저서를 발간했다. 1997년 66세 되던 해,
그는 뇌졸중으로 목숨을 거의 잃을 뻔했다. 회복 후에는 표현성
실어증을 겪었는데 이 때문에 말을 할 때는 정확한 단어를 말하기

힘들었다. 평소 유창한 화법으로 유명한 대중 연설가였던 그에게
는 굉장히 고통스러운 시련이었다.

힘겨운 재활의 시간을 지내던 어느 날, 람 다스는 인터뷰에 응
하게 되었다. 그는 인터뷰에서 뇌졸중 경험이 자신의 영성에 더
깊은 이해를 하게 했다고 말했다. "그전에는 겉돌고 거만한 면이
있었지요. 그런데 뇌졸중을 겪고 나니 한결 겸손해졌습니다. 늘
사람들을 도우면서 기운을 얻었는데 이제는 모든 일에 남의 도움
이 필요하게 되었으니까요. 그게 은혜였어요. 뇌졸중이 자아에도
영향을 미친 거지요. 비로소 제 고통을 마주 보게 되자 삶이 훨씬
나아졌습니다."

현재 80대에 접어든 람 다스는 아직도 강연을 하며 전 세계 청
중들에게 감동을 전하고 있다.

성공하고 싶다면 항상 배우고 성장할 기회를 적극적으로 찾아
야 한다. 이것을 실천할 수 있는 확실한 장소는 현재 직장이다. 이
제 새로운 기술을 익히고 다양한 테크놀로지를 접할 수 있는 프
로젝트에 참여하도록 하라. 다양한 업종과 관행에서도 배울 것은
즐비하다.

직장 밖에서도 사회단체나 공동체에 참여하고 동네 자원봉사,
혹은 스포츠 모임에 가입하는 등 그 곳은 어디라도 상관없다. 새
로운 도전과 경험으로 자신을 이끌 수 있는 프로젝트와 다양한 활

동에 참여할 기회를 찾아보라.

더불어 배움을 위해 일정 시간을 비워두는 것은 좋은 방법이다. 평소 흥미 있게 생각했던 활동들을 모색해 볼 수 있도록 말이다. 매달 학습의 날을 지정해서 시간을 할애하는 것도 좋은 방법이다.

고정된 틀에서 벗어나라
Get Outside the Box

> 우리는 누가 물을 발견했는지 모르지만 그것이 물고기가 아니라는 것은 압니다.
>
> - 마셜 매클루언, 캐나다 미디어 이론가, 사회 개혁가

흔히 행운이란 적절한 시기에 적절한 장소에 있을 때 가능한 것이라고 한다. 하지만 언제가 적시이고 어디가 적소인지 어떻게 알겠는가? 모든 우연이 그렇듯, 확실히 예견하기는 어렵다. 아무도 다음과 같은 팻말을 세우지 않을 것이다. '여기가 맞는 곳입니다. 수요일 오후 3시 22분에 오세요.'

혁신은 행운과 마찬가지로 적절한 시간과 장소에서 행동할 준비가 되어 있느냐에 달려 있다. 혁신적인 아이디어는 세상 밖에 나가서 행동할 때 떠오르기 쉽다. 집 소파가 아닌 새로운 모임에 참여하거나 낯선 장소를 찾아가거나 사람들을 만날 때다. 혁신가의 중요한 요건은 고정된 사고 틀을 벗고 행동하는 법을 배우는 것이다. 다시 말해, 상자 밖에서 행동하는 것이다. 익숙한 곳, 습관이나 사고 패턴을 탈피하는 것을 의미한다. 그럴 때야 비로소 새로운 가능성을 만들 수 있다.

앞서 소개한 제프 다이어 교수와 그의 동료들은 혁신가들이 물리적·정신적 경계선을 초월해 행동하려고 노력한다는 점을 밝혀낸 바 있다. 그들은 다양한 나라와 문화에서 살아볼 기회를 찾는다. 여러 나라에서 살아본 사람일수록 창의적인 제품을 개발할 가능성이 더 높다는 연구 결과도 이를 뒷받침 한다. 적어도 3개월 이상 외국에서 살았던 사람들은 35% 이상 창업을 하거나 새로운 상품 개발 확률이 높다고 한다. 비슷한 맥락에서 국제적인 프로젝트를 맡아본 경험 있는 CEO들은 그렇지 못한 CEO들 보다 훨씬 뛰어난 사업적 능력을 보였다.

다양한 업계에서 일한 경험이 많을수록 혁신가로서 성공을 거둘 확률도 높았다. 다양한 근무 환경에서 일하면서 비즈니스 절차, 커뮤니케이션 스타일, 기업 문화와 상품에 익숙해질 기회를 얻었기 때문이다. 폭넓고 다양한 경험은 폭넓은 시각으로 문제를 바라볼 수 있게 한다. 그 결과 특정 관점을 초월한 아이디어와 전략을 만들 수 있도록 자극된 것이다.

만약 창의성이 요구되는 프로젝트를 맡고 있다면 고정된 틀에서 벗어난 사고가 특히 중요하다. 작곡을 하거나, 동화를 쓰거나, 도구를 발명하거나, 신상품을 디자인한다면 말이다. 이런 경우 자신의 아이디어에만 몰입하게 되면 편협한 시야를 갖게 될 확률이 높다. 다른 현실적인 상황들을 고려하지 못하는 것이다. 창의적인 사람들은 종종 혼자서만 일하는 경우가 많아 시야를 넓혀줄 다른 사람들과 만나지 못하기도 한다. 따라서 당신이 창의적인 인재라면 일상적인 근무 환경을 탈피할 방법을 찾아야 한다. 만약 창업을 준비 중이라면 잠정적인 고객층을 찾아가 그들에게 사업 계획에 대해 말할 수 있어야 한다. 기획하는 상품이나 서비스의 샘플을 보여줄 수 있으면 더욱 좋다. 그래야 그 상품이나 서비스가 고객들의 마음을 어떻게 움직일는지, 어떤 부분을 가장 마음에 들어 할지에 대해 피드백도 얻을 수 있다.

이렇게 고정된 틀에서 벗어나 다른 사람들과 얘기를 나눠보면 자신의 아이디어가 현실적 타당성이 있는지 곧바로 확인할 수 있다. 또한 예상치 못한 기회에 자신의 사고를 열어두면 더 많은 창의성이 발휘된다. 그 기회는 조력자로 혹은 유용한 자원이 될 수도 있다. 또는 염두조차 해보지 못한 어떤 가능성일지도 모른다.

창의적 잠재력을 향상시키는 한 가지 방법은 익숙한 물리적 경계에서 벗어나는 것이다. 다양한 장소에서 일해 보거나 새로 알게 된 식당에서 점심을 먹거나 해외를 여행하거나 살아보는 것은 창의성을 기르는 좋은 방법이다. 낯선 장소에서 열리는 문화 이벤트에 참석하거나, 아직 가보지 못한 박물관이나 공원을 가보는 것도 좋다. 이렇게 새로운 장소에 가면 현재의 사고에서 벗어나 새로운 아이디어를 품는 데 큰 도움을 받을 수 있다. 다임러 Daimler 자동차의 디자인팀이 그 좋은 예를 보여준다.

이들은 자동차 공기역학에 혁명을 불러일으킬 만한 디자인을 궁리하던 중이었다. 그들의 매니저였던 디에테 거틀러는 팀원들에게 하루 동안 자연사 박물관에 가서 물고기들을 관찰하라고 지시했다. 디자인 팀은 여러 물고기들을 신비로운 듯 관찰하며 즐거운 시간을 보냈다. 그러던 중 우연히 보게 된 거북복은 디자인 팀의 호기심을 자극하기에 충분했다. 후에 그들은 어류 전문가 몇몇과 이야기를 나누게 되었고 그 일을 계기로 거북복의 뼈대와 크기를 본뜬 자동차 디자인을 내놓게 되었다. 자동차의 무게와 공기저항을 크게 감소시킨 디자인이었다.

창의성을 키우는 또 하나의 방법은 현재의 경험 범위를 넘어선 기술과 지식을 익히는 것이다. 만약 당신이 엔지니어라면 예술 강좌를 들어보고 경영 컨설턴트라면 진로 상담가로 자원봉사를 하는 식이다. 컴퓨터 앞에 앉아 있어야 하는 직업을 가졌다면 목공예에 도전 해보는 건 어떤가? 세미나에도 참석해 보라. 새로운 기술을 익힐 수 있는 강좌나 워크숍에 참석해 보라.

그중에서도 가장 효과적인 방법은 일상적인 사회적 네트워크에서 벗어나 새로운 사람들과의 상호작용을 시작하는 것이다. 다른 직업을 갖고 있거나 다양한 연령대의 사람들, 다른 지역에 살고 있는 사람들, 혹은 삶의 기준이 다른 사람들을 만나 새로운 인간관계를 맺는 것이다.

행운을 지도화해 보기
Map Your Luck

혁신은 운과 마찬가지로 활동과 변화와 관련이 있다. 새로운 것을 시도하고 새로운 장소와 사람들을 만나며 자기 자신에게 도전장을 던질 때 혁신적인 아이디어는 더 쉽게 떠오른다. 늘 하던 대로 삶을 반복할 때보다는 말이다.

진정한 혁신가가 되고 싶은가? 그렇다면 고정된 틀에서 벗어날 방법을 끊임없이 연구해야 한다. 일상적인 사고 패턴과 행동 밖으로 걸음을 내딛는 것이다.

이제 행운의 지도화를 실천해보자. 이것은 1장에서 해봤던 즐거움의 지도화 Mapping Joy와 유사하다. 삶에서 반복이 계속되는 부분을 찾고 그것을 새로운 경험과 상호 작용들로 채워줄 행동들로 대체하면 된다. 여기에 단계별 과정이 나와 있다.

1. 지난 한 달간의 삶을 떠올려보라.

어떻게 시간을 보냈는지 생각해 보는 시간이다.

- 어디서 주로 점심을 먹었는가?
- 하루 동안 누구와 주로 대화를 나눴는가?
- 주말 아침엔 어디에 갔는가?

- 식료품을 사러 어느 가게에 갔는가?

- 아침에 일어나서 제일 먼저 무엇을 했는가? 혹은 잠자기 전에는

  무엇을 했는가?

- 어디로 휴가를 갔는가?

- 무슨 책을 읽었는가?

- 어떤 TV 프로그램을 봤는가?

- 어떤 이웃을 방문했는가?

- 어느 체육관에 가서 무슨 활동을 했는가?

2. 당신의 삶을 지도로 나타내 본다.

매일 혹은 매주 시간을 보내는 장소에 따라 나눠본다. 일부러 내용
을 부풀리거나 세세하게 모든 것을 쓸 필요는 없다. 단지 일상에서
자주 드나드는 장소를 대략적으로 적으면 된다. 각 장소는 제목이
있는 지도의 작은 원이 될 수 있다.

**3. 지도를 살펴보고 각각의 장소가 얼마나 행운을 불러오고 신선한
기분을 느끼게 하는지 평가해 본다.**

그 장소에 있을 때 얼마나 새롭고 성장하는 느낌을 받는지, 또 기대
하지 못했던 기회들을 만나게 되었는지 생각해 본다. 그 정도를 1부
터 10으로 나눠 점수를 매긴다. 1은 진부하고 지루한 느낌이 강한
것, 10은 창의적인 아이디어나 예상치 못한 기회들과 깊은 연관이

있는 것이다.

4. 낮은 점수를 매긴 장소를 걸러 내본다.

그 장소에서 시도해볼 수 있는 새롭고 흥미로운 일들을 떠올려 본
다.

5. 이제 생각한 것을 실제 행동에 옮긴다.

당신의 삶에서 특히 운이 나쁘다고 생각되는 장소에 새로운 활동과
경험을 채워 넣어라.

배움 없는 자유는 언제나 위험하며 자유 없는 배움은 언제나 헛되다.

- 존 F. 케네디, 미국 35대 대통령

It Takes a Community

Chapter 9

배경이나 관점이 전혀 다른
사람들이 모여 있는 곳으로 가라

성공하는 사람들은
일부러 배경이나 관점이
전혀 다른 사람과의 관계를 노린다.
자신과 사회적 인맥들로 구성되지 않은
그룹의 사람들을 만나
지식을 합치기 위해서다.

그들은 더 높은 연봉과
더 높은 승진 가능성의 비밀이
정보교환에 있다는 사실을 알고 있다.

우정이란 지상에서나 천상에서나
선의와 호감을 곁들인 감정의 완전한 일치라고 할 수 있을 걸세.
나는 그것이 신들이 인간에게 준 최고의 선물이라고 믿고 싶네.
어떤 사람들은 미덕을 최고의 선으로 여긴다네.
그것은 옳은 견해일세.
바로 이 미덕이 우정을 낳고 지켜주니
미덕이 없는 우정은 어떤 경우에도 존재할 수 없다네.
친구 간의 상호 선의에서 안식을 얻지 못하는 삶이
어떻게 살만한 가치가 있겠는가?
자네가 마치 자네 자신과 말하듯,
무엇이든 마음껏 더불어 말할 수 있는 누군가를 갖는다는 것만큼
감미로운 일이 또 있겠는가?
자네가 번영을 누릴 때 자네 못지않게
그것을 기뻐해 줄 누군가가 없다면
어떻게 그것을 마음껏 누릴 수 있겠는가?
자네 자신보다 더 괴로워하는 사람이 없다면
불운은 정말로 견디기 어려운 것이 된다네.
어떤 장벽도 우정을 막을 수 없지.

우정은 결코 시기상조일 수 없고
결코 거추장스러울 수도 없네.
그래서 우리에게는 생활필수품 못지않게
언제나 우정이 필요한 것이라네.
내가 지금 말하고 있는 것은
비록 즐겁고 유익하기는 하지만
평범하고 상식적인 우정이 아니라
소수의 친구들로 이뤄진 그런 종류의
진정하고 완전한 우정이라네.

우정은 행운을 더욱 빛나게 하고
불운은 나누고 분담함으로
더 가볍게 해준다네.

- 마르쿠스 키케로, 『노년에 관하여, 우정에 관하여』

남의 생각과 경험에 자극을 받지 않고 스스로 하는 것은
아무리 좋은 경우라도 하찮고 단조롭다.

- 알베르트 아인슈타인, 물리학자

세계적인 전문가들은 그들이 세계를 항해할 수 있도록 네트워크를 구축한다. 아무리 뛰어난 마인드나 전략이 있어 솔로 게임을 하고 있으면 팀은 항상 지게 된다. 운동선수는 코치와 트레이너가 필요하고 아동 영재들은 부모와 교사가 필요하고 감독은 제작자와 배우가 필요하고 정치인들은 기부자와 전략가가 필요하고 과학자들에게는 실험실 파트너와 멘토가 필요하다.

펜은 텔러가 필요했고 벤은 제리가 필요했으며 스티브 잡스는 스티브 워즈니악이 필요했다. 실제로 스타트업 세계에서는 팀워크가 눈에 띄게 발휘되고 있다. 한 사람이 창업하는 사업은 거의 없다. 기업과 사회의 모든 사람들은 재능 있는 팀을 구성하는 것이 그것만큼 중요하다는 것에 동의한다.

벤 카스노차, 『연결하는 인간』

전혀 다른 세계 속에 있는 사람들 만나기

Meeting people in a completely different world

마음에 맞는 사람을 만나면
"제가 대화를 나눠볼만한 좋은 상대가 없을까요?"라고 질문해 보라.
물론 이런 질문을 던진다는 게 어색할 수도 있다. 그래도 한번 시도해 보라.

성공하는 사람의 삶을 유심히 들여다 보라. 친구, 멘토, 조언자, 가족과 같은 든든한 공동체의 힘을 입지 않은 개인적 성공이란 사실상 존재하지 않는다. 그들에게 가장 변화를 일으키는 경험과 기회들 중 많은 것들이 사회적 상호작용의 결과라는 것을 알게 될 것이다. 자신을 지지해주는 공동체를 포함하지 않는 개인적인 성공에 대한 정의는 상상하기 어렵다.

우리들은 네트워킹networking이라는 단어보다 공동체Community라는 단어를 사용한다. 개인의 인간관계를 보는 새로운 시각을 제안하고 싶어서다. 전통적인 비즈니스에서는 자신에게 도움 되는 자원을 제공해줄 사람들과의 인맥 구축이 중심이 된다. 사람들에게 세일즈 기회나 사업 기회, 전문 인력의 소개 등을 구하는 것이다. 그래서인지 어딘가 모르게 차갑고 인위적인 면이 있다. 만약 무언가를 얻기 위해서만 교류한다면 주변 사람들도 그 의도를 금방 알아차리고 당신을 멀리 하지 않을까?

반면 자신의 목표가 공동체 형성이라면 그야말로 다른 사람과의 교제가 중심이 된다. 내면의 대화를 시도하게 되는 것이다. 즐거움, 열정, 호기심, 감정, 가치, 열망, 심지어 엉뚱한 생각까지도 함께 나눌 수 있다.

다양한 사람들과 의미 있는 인간관계를 맺는 일보다 삶을 풍요롭게 하고 새로운 기회로 이끄는 것도 없다. 이번에는 새로운 사람들에게 다가가고 이미 구축한 인맥도 강화할 수 있는 간단한 12가지 단계에 대해 소개한다.

롤모델로 자신을 둘러싸게 하라
Surround Yourself with Role Models

당신의 야망을 얕잡아 보는 사람들을 멀리하십시오.
작은 사람은 항상 그렇게 하지만
정말 위대한 사람은 당신도 위대해질 수 있다는 것을 느끼게 합니다.

- 마크 트웨인, 미국 소설가

50여 년 전, 스와스모어Swarthmore 대학의 솔로몬 애쉬는 사회적 동
조현상에 대한 연구를 시작했다. 그는 대학생들에게 간단한 시력
테스트를 수행하도록 요청했다. 연구의 핵심은 시력테스트를 하
는 것이 아니라 사회적 순응이 사람들의 행동에 어떤 영향을 미치
는지 탐구하는 것이었다.

　실험대상자인 각각의 학생은 연구의 목적을 알고 있지만 시험
을 치르는 다른 학생이라고 생각하는 5~7명의 그룹과 한 조가 되
었다. 이들은 실험의 목적을 알고 있는 공모자들이었다. 연구진
은 그룹 전체에 하나의 선이 그려진 카드 한 장을 보여주었다. 그
리고 세 개의 선이 그려진 카드 한 장을 보여주며 어떤 선이 첫 번
째 카드에 그려진 선과 같은 길이인지 물었다.

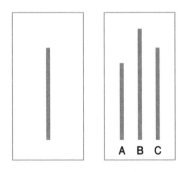

　실험대상자들은 연구도우미의 답을 듣고 자신의 의견을 말할
수 있도록 순서가 미리 정해져 있었다. 먼저 연구조교들이 정답인

C를 말했다. 그러자 35명의 참가자 중 단 한 명만이 오답을 말했다. 동일한 방법으로 한 개의 선이 그려진 카드와 세 개의 선이 그려진 카드를 내밀고 이번에도 같은 질문을 던졌다. 이번에는 연구도우미들이 먼저 오답인 B를 말하자 상황이 달라졌다. 오답을 말한 참가자는 32%로 증가한 것이다.

애쉬의 실험은 개인의 선택이 주변사람들에 의해 어떠한 영향을 받는지 설명한다. 한편으로 아군의 중요성도 시사한다. 만약 자신의 관점을 지지하는 사람이 단 한 명이라도 있는 경우 주관을 지키고 그에 따라 행동하기가 더 쉽다는 것이다.

최근 연구도 살펴보자. 하버드 의과대학의 니컬러스 크리스타키스 박사는 32년간 1만 2,067명을 대상으로 사회적 영향이 비만에 미치는 영향에 대해 연구했다. 그 결과 비만이 전염성이 매우 강하다는 사실이 밝혀졌다. 만약 친한 친구 한 명이 비만이 되면 자신도 비만이 될 확률이 57%로 증가했다. 더 놀라운 것은 친구의 친구가 비만이 되도 자신 역시 비만이 될 확률이 25%로 증가한다는 것이다. 문제의 그 친구가 다른 도시에 살고 있을지라도 말이다. 크리스타키스 박사는 자신의 연구 결과를 요약하면서 "주변 사람들을 보면 수용 가능한 체형에 대한 생각이 바뀝니다." 라고 말했다.

『행복은 전염된다 Connected:The Surprising Power of Our Social Networks and How They Shape Our Lives』에서 그는, 사람들이 서로 영향을 주고 또 서로를 따라하게 되는 현상을 다뤘다. 예를 들어 단정한 잔디밭을 소유한 이웃이 많은 사람은 잔디밭을 흠잡을 데 없이 깔끔하게 유지하는 경향이 높다고 한다. 공부를 열심히 하는 룸메이트가 있는 학생은 책을 열심히 읽고 식당에서 폭식을 하는 손님 옆에 앉은 사람들은 더 많이 먹는다. 발랄한 친구가 많은 사람은 더 행복하기 쉽다. 우울증, 자살과 폭력, 외로움도 마찬가지다. 이 모든 것들은 전염성이 매우 강한 것으로 조사됐다. 한 사람으로부터 다른 사람에게 이어지는 흐름과 같았다.

연구가 시사하는 점은 이것이다. 지금 당신의 주변 사람들이 당신의 행동뿐 아니라 당신이 믿는 가능성에까지 영향을 미친다는 점이다. 행동과 사고는 강한 전염성을 가지고 있다. 만약 당신이 활동적이고 열정적이며 긍정적이면서도 따뜻한 인간미를 소유한 사람들에게 둘러싸인다면 당신도 그들과 같은 사람이 된다. 그중 단 한 가지만 공유한 사람들과 함께 있다 해도 가치는 논할 수 없을 정도로 크다.

아이디어를 위한 네트워킹
Diversify Your Community

앞서 소개한 책 『혁신가의 DNA』에서 제프 디에와 공동저자들은 자원을 얻으려는 네트워킹과 아이디어를 위한 네트워킹의 차이에 대해 논했다. 일반적인 네트워킹에서는 개인들이 특정 자원을 얻기 위해 다른 사람과 관계를 형성한다. 비즈니스 관련 인맥, 판매 기회, 투자자들을 소개받기 위해서다. 하지만 성공하는 사람은 다른 인식을 가지고 있다. 일부러 배경이나 관점이 다른 사람과 관계를 추구한다는 것이다. 저자들은 이것을 아이디어 네트워킹 idea networking이라고 불렀다.

"자원을 위한 네트워킹과 반대되는 아이디어 네트워킹의 기본개념은 이런 겁니다. 자신과 자신의 사회적 인맥들과 교류하지 않는 사람들을 만나는 것이지요. 그래서 서로 다른 분야의 지식을 합칠 수 있도록 말입니다."

저자들은 아이디어 네트워킹이 뜻하지 않은 행운으로 이어지는 경우가 많다고 주장한다. 예를 들어 이들이 연구한 CEO가 사회적 교류로 사업 아이디어를 얻은 사례 중 절반이 우연에 의한 것이었다고 한다. 말레이시아 여행 중에 10억 달러의 아이디어를 생각해낸 모튼의 사례를 들어보자.

모튼은 1년간 말레이시아를 여행 중이었다. 낯선 곳인 만큼 자신과 의사소통에 문제가 없으며 현지를 잘 알 수 있는 가이드가 필요했다. 여행사에 자신과 같은 미국인 가이드가 있는지 확인하고 믿을만한 사람을 추천받았다. 말레이시아에서 살고 있던 가이드는 고향이 그리운 마음을 달래준 미국인 모임을 갖고 있었다. 그리고 모튼이 여행하는 동안 모임의 친구들과 함께 즐길 수 있다고 제안했다. 하지만 모튼은 말레이시아 현지인들과 그런 시간을 갖고 싶다고 했다. 가이드는 안내 기간 내내 현지인들을 소개시켜주며 그들과의 식사 자리를 만들어 주었다. 그런데 함께 식사한 현지인마다 망고스틴이라는 과일의 효능을 자랑했다. 물론 망고스틴은 정말 맛있는 과일이었다. 모튼은 유타대 의과대학에서 박사과정 중인 형에게 연락해 망고스틴의 효능에 대한 연구자료가 있는지 물었다. 그의 형은 구할 수 있는 자료 전체를 모아 모튼에게 보내주었다. 그 일을 계기로 모튼은 2002년, 망고스틴 쥬스 회사인 쟁고XANGO를 설립할 수 있었다. 그리고 회사가 설립된 지 단 6년 만에 10억 달러 규모의 기업으로 성장했다.

만약 모튼이 말레이시아 주민들과 대화를 나누지 않고 망고스틴에 대한 정보에 노출되지 않았다면 이 사업은 그의 것이 아니었을 것이다. 망고스틴에 대한 정보는 그의 고향과 그의 인맥에서 얻을 수 있는 것이 아니었다.

시카고대 사회학자인 론 버트 역시 "창의적인 아이디어는 자신의 인맥 밖 사람들과 교류하며 얻어지는 경우가 많다."라고 했다. 폭 넓은 사회적 네트워크를 구축한 사람들은 그렇지 못한 사람에 비해 더 놓은 연봉을 받고 업무평가도 더 좋았으며 승진 가능성도 더 높았다.

버트는 창의성이 정보 교환의 일환이라고 보았다. 개인의 천부적 능력이 아닌, 여러 대상들과 함께 일하면서 얻는 경험과 같은 것이다. "그들은 창의성 넘치는 가치 있는 아이디어를 찾아내곤 합니다. 천부적으로 타고난 창의성은 아니지요. 서로 주고받는 관계에서 얻는 창의성이니까요. 한 집단에서 진부하다고 치부하는 아이디어도 다른 집단에서는 새로운 통찰로 받아들여질 수 있는 겁니다."

개인의 천재적인 행동이 아닌 정보 교환의 기능으로서의 창의성을 설명하는 버트의 설명은 우리가 만났던 고객들의 경험과 일치한다. 종종, 변혁을 증명하는 통찰력이나 생각은 겉보기에 우연한 사회적 만남에서 비롯된다. 쉴라가 어떻게 사업을 시작했는지에 대한 이야기는 이것의 좋은 예다.

반려견과 함께 일하기
Working with the Dogs

쉴라는 젊고 재능 있는 건축가였다. 하지만 탐나는 몇 개의 자리를 두고 직원들끼리 경쟁하는 일이 반복되면서 스트레스에 쌓여 있었다. 업무 시간은 길고 환경은 팍팍했다. 그리고 언제나 데드라인에 시달려야 했다. 쉴라는 자유롭고 편안한 분위기의 개인 건축 사무실을 꿈꿨다. 단지 안정적인 수입이 중요한 게 아니었다. 반려견을 사무실에 데려올 수도 있고 마음에 맞는 동료들과 함께 일하며 흥미로운 디자인 프로젝트를 자유롭게 맡을 수 있는 그런 회사 말이다. 하지만 이루기 어려운 꿈이기도 했다.

건축업계의 경쟁이 너무 심하기 때문이다. 틈새시장에서 전문가로 두각을 나타내지 않는 이상, 개인 사업은 힘든 일이었다. 1년 동안 창업을 고심하면서 유물 보수나 학교 건물 디자인 쪽도 조사해 봤지만 이미 그 분야는 일거리를 놓고 싸우는 탄탄한 기업이 많았다. 선택권이 없어 막막해졌을 때쯤 쉴라가 필자들을 찾아왔다. 사업계획에 대한 조언을 얻기 위해서였다. 그녀는 기업의 지옥에 갇힌 기분이라고 털어놓았다. 현재 하는 일이 스트레스가 심하고 보람이 없다는 것이다. 건축가가 되길 잘한 건가라는 회의마저 든다고 했다.

"그럼 정말로 원하는 일은 무엇인가요?"라고 그녀에게 묻자,

그녀는 개인 건축사무실을 여는 것이라고 답했다. 하지만 아직 선택할 만한 분야를 찾지 못했다고 했다. 우리는 그녀가 개인적 동기나 사업 아이디어가 부족하지는 않지만 새롭고 신선한 관점이 필요한 것 같다고 지적했다. 그리고 지금까지 만나지 않았던 사람들과 대화해 보라고 권했다.

쉴라는 처음에 망설였다. 모르는 사람에게 진로 자문을 구한다는 게 엉뚱하게 느껴졌기 때문이다. '나를 만나주지 않으면 어쩌지, 어차피 그 사람들은 이 대화에서 얻을 것도 없는데 말이야.' 하지만 우리의 조언을 따르기로 한 쉴라는 실제로 상당히 많은 사람이 자신의 제안에 기꺼이 응하는 걸 보고 놀라지 않을 수 없었다. 그들은 필요한 충고와 격려도 아끼지 않았다. 이제 그녀는 건축업계의 많은 사람들과 대화를 나누기 시작했다. 창업에 다양한 방법이 있다는 사실을 알고는 한결 긍정적인 기분도 느낄 수 있었다. 직장에서도 참을성과 여유가 생겼고 무엇보다 더 이상 갇힌 기분이 들지 않았다.

그러던 어느 날 쉴라는 대학 동창으로부터 만나자는 전화를 받았다. 여느 때 같으면 마감에 허덕이느라 거절했을 테지만 모르는 사람에게도 만남을 활발히 구하던 터라 친구를 만나 점심을 먹기로 흔쾌히 응했다.

친구는 중개인으로 일하고 있다고 했다. 그런데 버클리 지역의 건물 중개를 매듭 짓는데 애를 먹고 있다는 것이다. 잠정적 매입자인 톰은 건물을 매입해 의료클리닉으로 사용하고 싶어 했다. 그가 임의 계약까지 마쳤으니 일이 성사된 것이나 다름없었다. 그런데 정식 계약을 앞두고 톰은 실내 일부가 복도와 계단으로 사용되고 있다는 것을 알게 되었고 줄어든 면적 때문에 자신이 생각한 클리닉을 설계하지 못할 것으로 여겼다고 한다. 결국 그 이유로 매입을 포기할 지경에 이른 것이다.

쉴라는 귀가 번쩍 뜨이는 기분이었다. 그녀는 자신이 건축가로 일하고 있으며 창업을 준비 중이라고 설명했다. 그리고 톰에게 자신이 그 공간을 직접 보고 예산에 맞는 클리닉을 지을 수 있는지 무료로 상담해주고 싶다는 제안을 전해달라고 했다. 친구는 톰의 승낙을 받았다.

쉴라는 문제의 건물에서 톰과 만났다. 그리고 톰은 자신이 생각하고 있는 클리닉 내부를 설명했다. 20명을 한꺼번에 수용할 수 있는 대기실, 6개의 진찰실과 재고실 등이었다. 둘은 건물 내부를 둘러보기 시작했다. 쉴라는 곧 실내를 넓히고 자연 채광을 좀 더 높일 수 있는 방안을 내놓았다. 또 건물 뒤쪽 창고 공간 사이에 벽이 있다는 것을 감지해 내고는 이것을 없애면 공간을 더 넓힐 수 있다고 안내했다.

쉴라의 조언을 들은 톰은 마음이 놓였다. 그리고 마침내 매입이 결정됐다. 사실 톰은 쉴라의 아이디어에 상당히 감탄했다. 그래서 건축 설계를 맡아줄 수 있는지 물어왔다. 쉴라는 응했고 퇴근 후 밤 시간과 주말을 이용해 부지런히 일했다. 그전에 그녀는 의료클리닉 설계는 생각해 본 적이 없었다. 생각해 봤더라도 지루할 것으로 여겼을 분야였다. 하지만 의외로 일은 흥미롭고 도전적이었다. 일이 끝나자마자 톰은 그녀를 치과클리닉 설계가 필요한 친구에게 소개했다. 쉴라는 들떠서 새로운 프로젝트를 받아들였고 2개월 후엔 다니던 직장을 그만두었다. 결국 그녀만의 틈새시장을 찾아낸 것이다.

그로부터 3년 뒤, 현재 쉴라는 규모는 작지만 번창하는 의료클리닉 전문 건축 사무실을 운영하고 있다. 또한 보조 건축가와 파트타임 프로젝트 관리자도 한 명씩 고용했다. 쉴라를 포함한 이 세 명은 모두 강아지를 기르는데 이 반려견들은 사무실이 마치 자기 것인냥 우쭐대며 돌아다닌다고 한다. 큰 회사의 직원이었을 때보다 수입은 적었지만 자신의 사업을 키워가는 즐거움과 보수는 얼마든지 바꿀 수 있다고 했다. 무엇보다 즐겁고 편안한 환경에서 일할 수 있으니 말이다. 쉴라는 장난치듯 이렇게 말했다.

"개와 함께 일하는 게 개처럼 일만 하는 것보다 훨씬 낫지 않겠어요?"

자신과 행동이나 사고방식이 다른 사람들과
어울리는 것의 가치는 이루 말할 수 없이 크다.
항상 그래 왔지만 현재는 특히 더
그런 소통이 모든 발전의 주축을 이룬다.

- 존 스튜어트 밀, 영국 경제학자

당신의 공동체는 얼마나 다양한가?
How Diverse Is Your Community

우리들 대부분은 어린 시절과 성인이 된 초기에 다양한 사람들과 교류를 한다. 나이를 먹고 정착하게 되면서 우리는 같은 지역의 이웃과 비슷한 나이대의 사람들, 비슷한 직종에 근무하고 연봉이나 환경, 삶의 방식이 비슷한 사람들과 많은 시간을 보낸다. 잠시 당신이 맺은 사회적 인맥이 얼마나 다양한지 생각해 보라. 그 인맥 중 몇 명이나 다음 목록에 부합하는지 살펴보라. 다양한 그룹의 사람들과 관계 형성에 노력하라. 삶에 놀랄만한 새로운 가능성을 여는 좋은 방법이 될 것이다.

- 어린이와 10대 청소년, 이제 막 성년이 된 사람, 중년, 노년의 사람
- 예술, 미디어, 연예, 보건, 엔지니어링, 테크놀로지, 건축, 학계, 정부, 제조업, 소기업, 교회에 종사하는 사람들
- 미국, 동유럽, 아프리카, 동남아시아에서 온 사람들
- 시골, 대도시 아파트, 해외에 거주하는 사람들
- 부유층, 중산층, 노동자층, 빈곤층의 사람들
- 창의성, 비즈니스, 세계 탐색, 지역 공동체 개선, 지식 추구, 기술 발전, 부의 축적, 스포츠 습득, 젊은 세대에 대한 멘토링에 주력하는 사람들

사회적 인맥을 넓혀갈 좋은 방법 중 하나는 매주 새로운 사람을 만나는 것이다. 이웃이나 교회 사람과 커피를 마시는 것도 좋다. 여러 커뮤니티에 가입하고 다양한 모임에 나가보라. 이런 교류가 장기적인 우정으로 발전할 것인지 미리 걱정할 필요는 없다. 중요한 건 새로운 사람들을 만나는 일을 즐기고 그들의 삶에 대해 배우는 것이다. 마치 길가에 핀 꽃의 아름다움을 느끼기 위해 일부러 걸음을 멈추는 것처럼 말이다.

기존의 인맥을 유지하라
Sustain Contact

당신의 삶을 돌이켜 보라. 아마 다양한 사람들과 우정을 쌓아왔을 것이다. 하지만 바쁜 삶 때문에 그 인맥을 관리하는 데 제대로 시간을 못 쓰고 있다고 느낄지 모른다. 연락이 끊긴 소중한 친구들이나 1년에 겨우 한 번 연락하는 지인들이 얼마나 많은가?

사회적 공동체를 넓히는 손쉬운 방법은 이미 쌓아놓은 인맥을 강화하는 것이다. 매주 누군가에게 "안녕하세요"하고 안부전화를 하거나 옛 친구를 만나 식사해 보라. 동창이나 예전 직장에서 함께 일했던 동료에게 연락도 해보라. 이런 식의 연락을 습관화하

면 생각보다 큰 노력이 필요 없다는 것을 깨닫게 된다. 그러나 삶
전반에 미치는 파급 효과는 크다.

마스터마인드팀을 구성하라
Form a Mastermind Group

기회를 고려하거나 복잡한 문제를 협상하거나 새로운 아이디어
를 내려고 할 때 다른 관점을 제공할 수 있는 친구나 동료의 조언
을 구하는 것이 도움이 될 수 있다. 3~6명이 정기적으로 만나 브
레인스토밍을 하고 서로를 지원하는 그룹을 만드는 것이다. 코칭
계에서는 마스터마인드 그룹이라고 일컫는다. 많은 비범한 사람
들이 이러한 그룹을 만든 것으로 알려져 있다.

미국의 정치가였던 벤저민 프랭클린은 필라델피아 지역에서
12명의 유능한 친구들과 함께 자기 발전을 도모하는 팀을 형성
해 매주 만났다고 한다. 책과 사상에 대한 활발한 토론을 나눈 것
이다. 또한 자동차왕 헨리 포드도 자문을 구할 지인들을 곁에 둔
것으로 유명하다. 그중에는 발명왕 토머스 에디슨과 파이어스톤
^{Firestone} 타이어 창업자인 하비 파이어스톤도 포함되어 있었다. 좀
더 근래에는 버진 레코드사를 세운 리처드 브랜슨도 프로듀서와

음악인, 가수 및 영화제작자들로 이뤄진 팀을 형성해서 아이디어를 함께 나누는 것으로 알려져 있다.

또한 수많은 세계 리더들도 이 방법을 이용한 것으로 알려져 있다.

당신도 정기적으로 모여 서로에게 필요한 해결책을 브레인스토밍하는 팀을 만들어 인맥을 형성해 보라. 단 몇 가지 명심할 사항이 있다. 우선 다양한 배경의 재능과 능력을 가진 사람들로 구성해야 한다. 인원은 네 명에서 여섯 명이 가장 이상적이다. 만약 3명보다 인원이 적다면 다양성이 부족하고 상호작용의 패턴이 다소 제한적일 수 있다. 반면, 6명보다 많은 인원이라면 모두의 의견이나 고민을 나누기 힘들 것이다. 또한 팀은 정기적인 모임을 가져야 한다. 예를 들어 2주마다 한 번씩 혹은 한 달에 한 번씩 만나는 식이다. 실제로 모임을 갖는 것이 중요하다. 물론 전화나 메신저를 이용하는 것이 효과적일 때도 있다. 모임에서는 한 사람씩 돌아가며 할당된 시간에 자신이 맡은 일의 경과나 자신의 생각 등을 말한다. 발언이 끝나면 모두가 자유롭게 그에 대한 의견이나 제안을 밝힌다.

관점의 다양성을 마련하는 것 이외에 이런 그룹의 장점은 더 있다. 팀원들이 책임감을 갖게 된다는 점이다. 매번 만날 때 마다 팀원들은 자신이 앞으로 달성한 목표를 정하고 그 데드라인까지

명시한다. 그럼으로 그 일에 대한 책임감을 갖게 된다. 이 일은 마음먹은 일을 우선순위에 두는 데 큰 효과가 있다.

누군가를 가르쳐 보아라
Become a Teacher

새로운 사람들을 만나고 깊은 우정을 형성하는 좋은 방법은 선생님이 되는 것이다. 당신이 이것을 할 수 있는 많은 방법이 있다. 고등학생들을 지도하거나 자신이 속한 클럽에서 입문 수업을 가르칠 수 있고 직장에서 브라운백 미팅[5]을 이끌거나 어린이 스포츠 팀의 코치를 도울 수 있다. 이렇게 자신의 전문지식을 공유할 때 타인의 삶에 대해 알 수 있는 것은 물론 자신의 경험을 되새길 수 있는 소중한 기회가 된다. 당신은 또한 다른 사람들이 배우고 성장하도록 돕는 것에서 오는 만족감과 같은 유익함을 얻을 것이다.

---

5 간단한 점심식사를 곁들인 토론모임을 말한다. 할인마트 등지에서 구입한 샌드위치와 같은 음식을 싼 종이가 갈색brown이라는 데서 유래됐다.

전문가 인터뷰하기
Interview an Expert

새로운 사람을 만나고 경험을 넓히는 또 다른 방법은 흥미를 느끼는 분야의 전문가를 만나서 인터뷰하는 것이다. 예를 들어 상품 디자인으로 진로를 바꾸고 싶다면 마음에 드는 상품을 디자인한 사람에게 대화를 나누고 싶다고 연락해보라. 당신의 직업이 무엇이고 왜 그 상품이 영감을 주었는지 미리 말한다면 만남이 한결 수월해질 수 있다. 모든 인간관계는 절대로 일방통행이 아니다. 당신에게 시간을 내준 전문가에게 당신 역시 보답할 무언가 있을 것이다. 적어도 진심이 담긴 감사의 말을 전할 수도 있을 것이다.

이것은 필자인 존이 새로운 직업 선택권을 모색하기 위해 그의 조언을 구했던 젊은 여성과 나눈 대화를 떠올리게 한다. 존은 그녀에게 자신의 접근 방식의 몇 가지 주요 측면을 짚어주었다. 예를 들어 마스터 플랜을 세우거나 미리 진로를 결정할 필요가 없다는 것이라고 말했다. 그 여성은 이 대화에 감동했고 자신이 가장 도움이 된다고 생각하는 존의 생각을 나열하는 감사 메시지를 썼다. 그녀는 자신의 블로그에 존의 상담에 대한 접근법에 대해 썼고 이 때문에 6명의 사람들이 존에게 연락하여 의견을 공유했다.

컨퍼런스, 워크숍, 강의에 참여하기
Attend a Conference, Workshop, or Class

컨퍼런스나 워크숍, 강의에 참여하는 것은 다양한 사람들을 만나는 좋은 방법이다. 현재 하는 일이나 새로운 분야도 좋다. 그들이 무엇을 공부하고 어떤 전문가를 롤모델로 삼으며 어떤 아이디어에 열광하는지 배울 기회다.

그들이 읽는 책이나 흥미로워하는 아이디어들, 그리고 그들이 당신의 포부나 문제에 대해 건네는 제안들에 대해 알아가는 것을 주안점으로 두라. 새로운 사람들과 대화를 나눈 후에는 그들의 연락처를 얻도록 해보라. 그리고 당신의 연락처가 담긴 명함을 건네는 것도 잊지 마라.

식사나 차를 함께하며 새로운 사람 만나기
Set Up a Mealtime or Tea-Time Social Schedule

식사 시간과 커피 휴식 시간은 새로운 사람을 만나거나 기존의 관계를 돈독히 할 수 있는 편리한 시간으로 활용할 수 있다. 예를 들어 매주 금요일 점심은 새로운 사람을 만나는 시간으로, 일요일 저녁은 옛 친구들을 만나는 시간으로 따로 둘 수 있다.

소개를 받고 남들에게 소개해 주기
Get Introductions and Provide Them

마음에 맞는 사람을 만나면 "제가 대화를 나눠볼만한 좋은 상대가 없을까요?"라고 질문 해보라. 물론 이런 질문을 던진다는 게 어색할 수도 있다. 그래도 한번 시도해보라. 충분히 해볼 만한 가치가 있다. 세상엔 친구나 동료가 될 수 있는 사람들이 많다. 하지만 그들이 아는 지인들의 소개를 받지 않으면 좀처럼 만나기 힘들 수 있다. 성공하는 사람들은 개인적 소개가 얼마나 중요한지 잘 안다. 그러니 기꺼이 당신의 부탁을 들어줄 것이다. 그저 담담하게 물어보기만 하면 된다.

당신 스스로도 주변 사람들에게 다른 사람을 소개시켜 주는 습관을 들이도록 하라. 당신에게는 간단한 일이지만 그에게는 큰 도움이 될 수 있다.

동호회와 공동체 모임에 참여하라
Join a Club or Community Group

살고 있는 지역을 잘 살펴보면 당신의 관심사와 관련된 모임을 찾을 수 있을 것이다. 흥미를 유지하기 위해 한 달에 한 그룹씩 참석하는 게 좋다. 당신에게 완전히 새로운 초점을 가진 그룹뿐만 아니라 여러분을 흥미롭게 하는 주제들을 지향하는 그룹들에 참석할 수 있다.

만약 당신이 흥미로운 그룹을 찾는데 어려움을 겪고 있다면 온라인 커뮤니티 사이트에 들어가 보라. 등산, 예술, 요리, 철학 등 모임을 쉽게 만들고 참여할 수 있게 해주는 곳 말이다. 해당 지역에서 검색하면 좋아하는 주제에 초점을 맞춘 그룹을 찾을 수 있다. 그룹이 존재하지 않는다면 당신이 직접 나서서 모임을 만들어 보라.

두 번째 만남을 가져라
Follow Through

마음에 드는 인물을 만났지만 왠지 귀찮아서 전화를 해보지 않은 경험이 있는가? 혹은 파티에 초대 받았지만 그냥 집에 있기로 해버린 일은 없는가? 사회생활을 풍요롭게 해주는 간단한 방법은 안면이 있는 대상과 두 번째로 만나는 일이다. 더 알아보고 싶은 상대가 있다면 귀찮음을 이겨내고 약속 시간을 잡아보라. 만약 모임에 초대를 받았다면 그 장소에 가려는 노력을 하라. 그리고 그곳에 모인 사람들과 즐거운 시간을 가져라.

내성적인 사람들을 위한 조언
Tips for Introverts

사실 필자인 우리들 역시 내성적인 사람들이다. 그래서 낯선 사람들에게 다가가는 일이 얼마나 힘든지 잘 안다. 하지만 한 가지 확신은 새로운 인간관계에서 얻는 보상이 순간적인 불편함보다 훨씬 크다는 것이다. 그래서 내성적인 사람이 비즈니스를 위해 모르는 사람에게 연락할 때를 위해 다음과 같은 조언을 하고 싶다.

1. 기대치를 낮추라 Have Low expectations

내성적인 사람은 모르는 사람과의 교류에 상당한 스트레스를 받는다. 그래서 재미있고 유익한 모임인줄 알면서도 쉽게 모임에 참석하지 않는다. 우선 기대치를 낮춰보자. 어쩌다 큰 용기를 내서 참석했다면 기대도 클 것이다. 그러나 같은 모임이라도 참석한 사람에 따라 분위기는 매번 다르다. 만약 처음 참석에서 실망했더라도 몇 번은 더 참석하겠다고 꼭 결심하기 바란다.

2. 절대 임의로 전화하지 마라 Never make a cold call

갑자기 사람들에게 전화를 하는 것은 어색하고 불편할 수 있다. 하지만 서로의 공통점을 찾는다면 그 불편함을 줄일 수 있다. 당신은 생각보다 쉽게 그 사람들과의 공통점을 찾을 수 있다. 같은 업종에서 일을 한다거나 같은 사람을 알 수도 있고, 혹은 우연히 같은 컨퍼런스에 참석할 수도 있다. 같은 헬스클럽을 다닌다거나, 같은 학교에 다니는 자녀를 둘 수도 있다. 만약 당신이 한 사람의 사적인 것에 대해 거의 알지 못한다면 그 사람의 작품이 당신에게 어떤 영감을 주거나 흥미를 주는지 언급할 수 있다. 공유된 경험이나 관심을 언급하는 것은, 당신이 다가가고 있는 사람이 더 편안하게 반응하도록 격려한다.

3. 포기하지 마라 Don't give up

상담 고객 중 많은 사람이 "상대가 저를 골칫덩이로 여기지 않으려면 몇 번까지 연락해도 될까요?"라고 묻는다. 가장 적절한 수준은 최소한 세 번이다. 예를 들어 처음엔 전화를 걸고 그 다음에 이메일로 재차 연락한 뒤, 직접 우편으로 편지를 보내는 식이다.

성공한 사람들은 대개 바쁘다. 곧장 답을 안 한다고 만남에 관심이 없는 것은 아니다. 상대가 당신을 만나길 꺼린다는 걸 확실히 알 수 있을 때는 상대가 NO라고 답할 때뿐이다.

4. 거절을 개의치 마라 Dealing with rejection

누군가에게 다가갔는데 당신과 대화하길 거부한다면 노력해봤다는 사실로 자신을 대견하게 여겨라. 거절당하는 아픔을 극복하는 가장 빠른 방법은 그 감정이 당신의 행보를 방해하지 못하게 하는 것이다. 세상에는 당신이 만나서 알아가고 싶은 친절한 사람들이 얼마든지 있다.

5. NO라고 말해도 괜찮다 It's OK to say no

억지로 만남을 계속할 필요는 없다. 만약 당신이 더 이상 만나고 싶지 않은 분명한 이유가 있는 사람이라면 말이다. 비즈니스에 도움이 될 만한 사람이라면 더 고민이 될 것이다. 그러나 그 사람이 당신에게 필요한 단 한 사람은 아닐 것이다. 만나고 싶지 않은 사람을 대하며 좋은 인상을 주기도 어렵다. 그러니 싫은 관계에 억지로 자신을 가두지 마라.

6. 연습이 관건이다 It's all about practice

소개를 부탁하는 습관도 자주하면 어색하지 않고 익숙해진다. 물론 만나는 사람마다 소개를 부탁하며 다닌다면 좋지 않은 평판으로 오해를 받을 수도 있다. 중요한 것은 적절함을 잃지 않는 일이다. 여기서 적절하다는 것은 상대를 귀찮게 하거나 부담을 느끼는걸 알면서도 재차 강조하지 않는 것을 의미한다.

7. 자신답게 행동하면 된다 Just be yourself

자신에게 부담을 주지 마라. 항상 명랑하고 자연스럽게 농담도 잘하며 모임의 주축이 되어야 한다는 법은 없다. 있는 그대로 편하게 나답게 행동하라. 다른 사람과 관계 자체를 즐기는 게 우선이다. 더 즐거워지기 위해 노력하는 대신, 다른 사람들을 환영하는 방법을 배우라. 그들의 장점을 인정하고 그들의 이야기를 즐기고 그들의 인생 경험으로부터 배우라.

행복은 명사도 동사도 아닌 접속사다.
다시 말해 행복은 어떤 물건이나
행복이 아닌, 사람과 사람 사이 관계 속에 있다.

- 에릭 와이너, 칼럼리스트

행복은 존재에 대해 배우는 것이다.
다른 사람과 어울리는 법을 배우고
그들을 삶에 초대하는 과정에서
행복이 만들어진다.

- 테레사 프레이리, 포르투갈 사회심리학 교수